桥梁工程建设与检测技术

白蓉蓉　耿华　吴京伟　主编

延边大学出版社

图书在版编目（CIP）数据

桥梁工程建设与检测技术 / 白蓉蓉，耿华，吴京伟主编. -- 延吉：延边大学出版社，2023.10
　　ISBN 978-7-230-05855-1

Ⅰ. ①桥… Ⅱ. ①白… ②耿… ③吴… Ⅲ. ①桥梁工程②桥梁工程－检测 Ⅳ. ①U44

中国国家版本馆CIP数据核字(2023)第211967号

桥梁工程建设与检测技术

主　　编：白蓉蓉　耿　华　吴京伟	
责任编辑：梁　杰	
封面设计：文合文化	
出版发行：延边大学出版社	
社　　址：吉林省延吉市公园路977号	邮　　编：133002
网　　址：http://www.ydcbs.com	E-mail：ydcbs@ydcbs.com
电　　话：0433-2732435	传　　真：0433-2732434
印　　刷：三河市嵩川印刷有限公司	
开　　本：710×1000　1/16	
印　　张：12.75	
字　　数：240 千字	
版　　次：2023 年 10 月 第 1 版	
印　　次：2024 年 1 月 第 1 次印刷	
书　　号：ISBN 978-7-230-05855-1	

定价：65.00元

编写成员

主　　编：白蓉蓉　耿　华　吴京伟

副 主 编：高桂超　王绍军　孙凡伟

编　　委：赵宇博　陈子昂　何守峰　陈　陶

编写单位：西安交通大学

　　　　　辛集市公路服务中心

　　　　　北京海融达投资建设有限公司

　　　　　山东恒建工程监理咨询有限公司

　　　　　山东恒建工程建设集团有限公司

　　　　　黑龙江省龙建路桥第一工程有限公司

　　　　　龙建路桥第六工程有限公司

前 言

桥梁工程是重要的基础设施，对于工程施工质量有很大影响，决定着地区经济的发展。桥梁工程在交通发展中发挥着有效的功能，可以保证工程建设的质量和安全，保持交通系统的运行效益。对桥梁进行科学的检测，重视检测技术的完善与运用，可以对桥梁工程的质量进行科学的把控，从而延长项目使用年限，使得项目的成本有所下降，社会的满意度得到整体提高。施工企业一定要重视桥梁的检测，利用先进的检测技术做好检测管理，提高整体的检测效率，从根源上保证桥梁工程的施工质量。

桥梁工程对于我国交通建设至关重要。我国在基础设施建设过程中需要运用优良的桥梁施工技术，以保证基础设施、交通设施建设的顺利进行，而且这也是一项关乎国计民生的重要事业。因此，加强工程质量检测，提高桥梁施工质量，减少桥梁的损坏，需要不断提高桥梁工程的检测技术水平。

《桥梁工程建设与检测技术》一书共分七章，字数24万余字。该书由西安交通大学白蓉蓉、辛集市公路服务中心耿华、北京海融达投资建设有限公司吴京伟担任主编。其中第四章、第五章及第六章由主编白蓉蓉负责撰写，字数10万余字；第二章及第三章由主编耿华负责撰写，字数10万余字；第一章及第七章由主编吴京伟负责撰写，字数4万余字。全书由高桂超、王绍军、孙凡伟担任副主编，赵宇博、陈子昂、何守峰、陈陶担任编委并负责统筹，为本书出版付出大量努力。同时，在本书的编撰过程中，收到很多专家、业界同事的宝贵建议，谨在此表示感谢。

  笔者在撰写本书的过程中，参考了大量的文献资料，在此对相关文献资料的作者表示由衷的感谢。此外，由于笔者时间和精力有限，书中难免会存在不足之处，敬请广大读者和各位同行予以批评、指正。

笔者
2023 年 8 月

目 录

第一章 桥梁工程概述 1

    第一节 桥梁概述 1

    第二节 桥梁总体规划设计 7

    第三节 桥梁工程的科学依据 15

    第四节 中国桥梁工程发展历史 19

第二章 桥梁工程建设施工 24

    第一节 桥梁基础施工 24

    第二节 桥梁墩台施工 40

    第三节 简支梁桥施工 51

第三章 桥涵工程的养护及施工中的安全控制 63

    第一节 桥涵养护的基本知识 63

    第二节 桥梁的养护 69

    第三节 涵洞的养护 76

    第四节 桥涵工程施工中的安全控制 79

第四章 桥梁工程试验检测 99

    第一节 桥梁工程试验检测概述 99

第二节　提高桥梁工程试验检测水平的有效措施 107

　　第三节　桥梁工程检测技术的发展 109

　　第四节　桥梁工程检测新技术的应用 112

第五章　桥梁工程原材料试验检测和桥梁承载力试验检测 122

　　第一节　桥梁工程原材料试验检测 122

　　第二节　桥梁承载力试验检测 131

第六章　桥梁表观状态检测 165

　　第一节　混凝土结构表观缺陷检测 165

　　第二节　混凝土结构裂缝及其检测 168

　　第三节　缆索结构表观缺陷检测 171

　　第四节　桥梁支座表观检测 175

　　第五节　桥梁伸缩装置检测 178

第七章　在役桥梁检测与既有钢结构桥梁的检测、加固 181

　　第一节　在役桥梁检测 181

　　第二节　既有钢结构桥梁的检测、加固 187

参考文献 193

第一章　桥梁工程概述

第一节　桥梁概述

一、桥梁的基本组成

桥梁是指供铁路、公路、渠道、管线等跨越河、山谷或其他障碍具有承载能力的架空建筑物。通常有跨谷桥、高架桥、跨线桥（立交桥）、旱桥或栈桥。按照传统的说法，桥梁主要由上部结构、下部结构、支座系统和附属设施4个基本部分组成，随着大型桥梁的增多、结构先进性和复杂性的增强、对桥梁使用品质的要求越来越高，传统提法的局限性逐渐显露。现在的提法是：桥梁由"五大部件"与"五小部件"组成。

（一）桥梁五大部件

所谓"五大部件"是指桥梁承受汽车或其他运输车辆荷载的桥跨结构与下部结构，包括桥跨结构、支座系统、桥墩、桥台、墩台基础。在进行桥梁的设计和施工时，必须对通过它们的承受荷载进行计算与分析，只有这样，才能保证桥梁结构的安全性。

1.桥跨结构（又称上部结构）

桥跨结构是桥梁的主要构件。当路线遇到障碍（如河流、山谷等）而中断时，必须设置桥跨结构跨越障碍，它的作用是直接承受车辆和人群荷载，并通过支座把荷载传递给墩台。

2.支座系统

支座系统连接上部的桥跨结构和下部的桥墩、桥台，它的主要作用是支撑上部结构并将荷载传递给桥梁、墩台。

3.桥墩

主要作用是在河中或岸上支撑两侧桥跨结构并将结构重力和车辆等荷载作用传递给地基基础的建筑物。

4.桥台

通常设置在桥的两端：一端与路堤相接，并防止路堤填土的滑坡和坍塌；另一端则支撑桥跨结构的端部。为保护桥台和防止路堤填土，一般在桥台两侧砌筑锥体护坡，用以保证路堤边坡的稳定性。

5.墩台基础

桥梁的墩台基础，有效地将所有荷载传至地基，是桥梁结构中的最底部结构。

（二）桥梁五小部件

"五小部件"是直接与桥梁服务功能有关的部件，是传统说法中的桥面构造，主要包括以下部分：

1.桥面铺装（行车道铺装）

用以保护主梁整体部分的行车道板不受车轮轮胎的直接磨损，防止主梁遭受雨水侵蚀，并对车辆轮重的集中荷载起一定的分散作用。

2.排水防水系统

用于防止雨水积聚于桥面并深入梁体而影响桥梁的耐久性。

3.栏杆（或防撞栏杆）

它既是保证安全的构造措施，又是用于观赏的最佳装饰件。

4.伸缩缝

伸缩缝是桥跨上部结构之间或桥跨结构与桥台端墙之间所设的缝隙,以保证结构在各种荷载作用下的变位。同时,为了使行车舒适、不颠簸,桥面上也要设置伸缩缝构造。

5.灯光照明

现代城市中,大跨桥梁通常是一个城市的标志性建筑,大多装置了灯光照明系统,是城市夜景的重要组成部分。

二、桥梁的主要尺寸与术语名称

①桥长:公路、铁路规范不统一。对于有桥台的桥梁,铁路桥长是指桥台挡砟前墙之间的长度,公路桥长是指两桥台侧墙或八字墙尾端间的距离。对于无桥台的铁路桥和公路桥均指桥面行车道的长度。

②计算跨径:对于有支座的桥梁,是指桥跨结构相邻两个支座中心之间的距离。对于拱式桥,是指相邻拱脚截面形心之间的水平距离。

③标准跨径:梁式桥、板式桥以两桥墩中线之间的桥中心线长度或桥墩中线与桥台台背前缘之间的桥中心线长度为准;对于拱桥和涵洞来说,则把净跨径作为标准跨径。

④净跨径:对于梁式桥,指设计洪水位线上相邻两桥墩(或桥台)的水平净距离。对于拱式桥,是指每孔拱跨两个拱脚截面最低点之间的水平距离。

⑤低水位指枯水季节的最低水位。

⑥高水位指出现洪峰时的最高水位。

⑦设计水位指设计桥梁的洪水水位。

⑧桥梁孔径:多孔桥梁中各孔净跨径之和,又称总跨径,它反映桥下洪水的宣泄能力。

⑨建筑高度:桥上行车路面(或轨底)至桥跨结构最下缘之间的距离。允

许建筑高度指公路（或铁路）定线中线所确定的桥面（轨顶）高程与通航净空顶部高程之差。

⑩桥下净空高度：设计洪水水位或通航水位至桥跨最下缘之间的垂直距离。

⑪桥梁高度：低水位或山谷底到桥面的距离或桥面与桥下线路路面之间的距离。

⑫净矢高：从拱顶截面下缘至相邻两拱脚截面下缘最低点的连线的垂直距离。

⑬计算矢高：指从拱顶截面的形心点至拱脚截面形心点的水平线之间的垂直距离。

⑭矢跨比：拱桥中拱圈（拱肋）的计算矢高与计算跨径之比，也称拱矢度，它是反映拱桥受力特征的一个重要指标。

三、桥梁的分类

桥梁的种类繁多，人们在长期的生产活动中，通过不断地实践与创新，创造出越来越多的桥梁种类和形式。现主要有以下几种分类方法。

（一）按桥梁的受力体系分类

桥梁可根据拉、压和弯3种基本受力方式分为梁式桥、拱式桥、悬索桥和刚构桥四种基本体系。当几种不同的结构体系组合在一起时，则组成组合体系桥梁。

1.梁式桥

梁式桥是一种在竖向荷载作用下无水平反力的结构。由于外力（恒载和活载）的作用方向与承重结构的轴线接近垂直，故与同样跨径的其他结构体系相比，梁内产生的弯矩最大，通常需用抗弯能力强的材料来建造。目前在公路上应用最广的是预制装配式的钢筋混凝土简支梁桥。但其常用跨径在25 m以下。

当跨度较大时，为了达到经济省料的目的，可根据地质条件等修建悬臂式或连续式的梁桥。对于很大的跨径，以及对于承受很大荷载的特大桥梁可建造钢桥或高强度材料的预应力混凝土梁桥。

2.拱式桥

拱式桥的主要承重结构是拱圈或拱肋。其特点是结构在竖向荷载作用下，两拱脚处不仅产生竖向反力，还产生水平反力，水平推力的作用使得拱截面的弯矩和剪力大大地减小。设计合理的拱轴主要承受压力，拱截面内弯矩和剪力均较小，因此可充分利用石料或混凝土等抗压能力强的圬工材料。拱式桥是推力结构，其墩台、基础必须承受强大的拱脚推力。因此，拱式桥对地基要求很高，适建于地质和地基条件良好的桥址。拱式桥不仅跨越能力强，而且外形酷似彩虹卧波，造型十分美观。

3.悬索桥

悬索桥又称吊桥。传统的吊桥使用悬挂在两边塔架上强大的缆索作为主要的承重结构。悬索桥由主塔、缆索、锚碇结构及吊杆、加劲梁等组成。在竖向荷载作用下，通过吊杆使缆索承受很大的拉力，通常就需要在两岸桥台的后方修筑巨大的锚碇结构。吊桥也是具有水平反力的结构。现代的吊桥上，广泛采用高强度的钢丝编制的钢缆，以充分发挥其优异的抗拉性能。因此，结构自重较轻、建筑高度较小的悬索桥能够建造出比其他任何桥型都要大的跨度。

4.刚构桥

标准的梁式桥，桥的大梁和桥墩是分开的。刚构桥的外形与梁式桥相似。不过，与梁式桥不同的是，刚构桥的上部结构与下方支脚部分是完全刚接在一起的。刚构桥是梁和柱整体结合的桥梁结构。在竖向荷载作用下，梁部主要受弯，柱脚处有水平推力，受力状态介于梁式桥和拱桥之间。

5.组合体系桥

根据受力特点，由几个不同体系的结构组合而成的桥梁称为组合体系桥。组合体系桥的种类很多，但究其实质不外乎利用梁、拱、吊三者的不同组合，上吊下撑以形成新的结构。组合体桥梁一般都可用钢筋混凝土来建造，对于大跨径桥以采用预应力混凝土或钢材修建为宜。

（二）按桥梁主要承重结构所用的材料划分

可分为圬工桥（以砖、石为建造材料的桥梁）、钢筋混凝土桥、预应力钢筋混凝土桥、钢桥和木桥等。木材易腐且资源有限，因此除少数临时性桥外，一般不宜采用。目前，我国在公路上使用最广泛的是圬工桥、钢筋混凝土桥、预应力钢筋混凝土桥。例如南京长江大桥为钢桥，苏通大桥为预应力混凝土桥。

（三）按用途分类

按用途可分为公路桥、铁路桥、公路铁路两用桥、农桥、人行桥、运水桥（渡槽）及其他专用桥梁（如通过管路、电缆等）。

（四）按跨越障碍的性质分类

按跨越障碍的性质可分为跨河桥、跨线桥（立体交叉）、高架桥和栈桥。高架桥一般指跨越深沟峡谷以代替高路堤的桥梁。

（五）按上部结构的行车道位置分类

按上部结构的行车道位置可分为上承式桥、下承式桥和中承式桥。桥面布置在主要承重结构之上者称为上承式桥。桥面布置在承重结构之下的称为下承式桥。桥面布置在桥跨结构高度中间的称为中承式桥。

第二节　桥梁总体规划设计

一、桥梁设计的基本要求和原则

（一）技术先进

设计人员在工作中必须广泛吸取建桥实践中的先进经验，推广各种经济效益好的技术成果，积极采用新结构、新技术、新设备、新材料、新工艺。设计中应结合我国的实际，学习和引进国外最新科学成就，把学习和自主创新结合起来，摒弃原来落后的、不合理的东西。只有这样，才能提升我国桥梁建设水平，赶超世界先进水平。

（二）安全可靠

①所设计的桥梁结构在强度、刚度和稳定性方面性能良好。
②防撞栏杆应该具有足够的高度和强度，人与车道之间应该做好防护栏，防止车辆撞入人行道或撞坏栏杆而掉至桥下。
③对于交通繁忙的桥梁，应采取合理的照明措施，布置明确的交通标志，两端引桥坡度不宜太大，以免造成车辆碰撞等而引发车祸。
④对于修建在地震区的桥梁，应按照抗震要求采取防震措施；对于河床易变迁的河道，应设计好导流设施，防止桥梁基础底部过度冲刷；对于通行大吨位船舶的河道，除按规定加大桥孔跨径外，必要时可设置防撞结构物。

（三）适用耐久

①应保证桥梁在设计基准期内正常使用。
②桥面宽度能满足当前及今后交通规划年限内的交通流量要求。

③桥梁结构在通过设计荷载时不出现过大的变形和过宽的裂缝。

④应考虑不同的环境类别对桥梁耐久性的影响,在选择材料、保护层厚度、阻锈等方面满足耐久性的要求。

⑤桥跨结构的下面有利于泄洪、通航(跨河桥)或车辆和行人的通行(旱桥)。

⑥桥梁的两端方便车辆的进入和疏散,不致发生交通堵塞等。

⑦考虑综合利用,方便各种管线(水、电气、通信等)的搭载。

(四)经济合理

①桥梁设计应遵循因地制宜、就地取材和方便施工的原则。

②经济的桥型应该是造价和使用年限内养护费用综合最省的桥型,设计中应充分考虑维修的便利性和维修成本,维修时尽可能不中断交通或尽量减少中断交通的时间。

③所选择的桥位应地质、水文条件好,桥梁长度也较短。

④桥位应考虑建在能缩短河道两岸的运距、促进该地区的经济发展、产生最大效益的位置。对于过桥收费的桥梁,应能吸引更多的车辆通过,达到尽快回收投资的目的。

(五)美观

一座桥梁应具有优美的外形,而且这种外形从任何角度看都应该是优美的。桥型应与周围环境相协调,城市桥梁和游览地区的桥梁,可较多地考虑建筑艺术上的要求。合理的结构布局和轮廓是美观的主要因素,结构细部的美学处理也十分重要。另外,施工质量对桥梁美观也有较大影响。

(六)环境保护和可持续发展

桥梁设计必须考虑环境保护和可持续发展的要求,包括生态、水、空气、噪声等几方面,应从桥位选择、桥跨布置、基础方案、墩身外形、上部结构施工方法、施工组织设计等多方面综合考虑环境要求，采取必要的工程控制措施，并建立环境监测保护体系，将不利影响减至最小。

二、桥梁设计的不同阶段

（一）"预可""工可"阶段

"预可""工可"二者所包含的内容基本一致，但研究的深度各有不同。"预可"阶段着重研究建桥的必要性以及宏观经济上的合理性。"工可"阶段则主要在"预可"被审批确认后，进一步研究工程技术上的可行性和投资上的可行性。

"预可"阶段的主要工作目标是解决建设项目的上报立项问题。因而，在"预可报告"中，应编制几个可能的桥型方案，并对工程造价、资金来源、投资回报等问题进行初步估算和设想。

在"项目建议书"被审批确认后，开始"工可"阶段的工作，在这一阶段，着重研究和制定桥梁的技术标准，包括设计荷载标准，设计桥面宽度，设计通航标准，设计车速，设计桥面纵坡，设计桥面平、纵曲线半径等。在这一阶段，应与河道、航运、规划等部门共同研究，以协商确定相关的技术标准。

（二）初步设计阶段

初步设计应根据批复的可行性研究报告、勘测设计合同和初勘资料编制。

初步设计的目的是确定设计方案，应通过多个桥型方案的比选，推荐最优方案，报上级审批。在编制各个桥型方案时，应提供平、纵、横布置图，标明主要尺寸，并估算工程数量和主要材料数量，提出对施工方案的意见，编制设计概算，提供文字说明和图表资料。初步设计经批复后，则成为进行施工准备、编制施工图设计文件和控制建设项目投资等的依据。

（三）技术设计阶段

对于技术上复杂的特大桥、互通式立交桥或新型桥梁结构，需进行技术设计。技术设计应根据初步设计批复意见、勘测设计合同的要求，对重大、复杂的技术问题通过科学试验、专题研究、加深勘探等手段进行解决，完善批复的桥型方案的施工方案，并修正工程概算。

（四）施工图设计阶段

两阶段（或三阶段）施工图设计应根据初步设计（或技术设计）批复意见、勘测设计合同，进一步对所审定的修建原则、设计方案加以具体化和深化。在此阶段，必须对桥梁各种构件进行详细的结构计算，并且确保强度、稳定、刚度、裂缝、构造等各种技术指标符合规范要求，绘制出施工详图，添加文字说明，提出施工组织计划，并编制施工图预算。

国内一般的（常规的）桥梁采用两阶段设计，即初步设计和施工图设计，对于技术简单、方案明确的小桥，也可采用一阶段设计，即施工图设计。

三、桥梁的平、纵、横断面设计

（一）桥梁平面设计

桥梁设计首先要确定桥位。按照规定，小桥和涵洞的位置与线形一般应符合路线的总走向，为满足水文、线路弯道等要求，可设计斜桥和弯桥，对于公路上的特大桥、大、中桥桥位，原则上应服从路线走向，桥、路综合考虑，尽量选择在河道顺直、水流稳定、地质良好的河段上。桥梁的平曲线半径、平曲线超高和加宽、缓和曲线、变速车道设置等，均应满足相应等级线路的规定。

（二）桥梁纵断面设计

1.桥梁总跨径

对于一般跨河桥梁，总跨径一般根据水文计算来确定。桥梁的总跨径必须保证桥下有足够的排洪面积，使河床不致遭受过大的冲刷。同时，根据河床土壤的性质和基础的埋置情形，设计者应视河床的允许冲刷程度，适当缩短桥梁的总长度，以节约总成本。由此可见，桥梁的总跨径应根据具体情况经过全面分析后加以确定。例如，对于在非坚硬岩层上修筑的浅基础桥梁，总跨径应该大一些而不使路堤压缩河床；对于深埋基础，一般允许较大的冲刷，总跨径就可适当减小。山区河流一般河床流速本来就已经很大，则应尽可能少压缩或不压缩河床；而对于平原区的宽滩河流虽然可允许较大的压缩，但必须注意壅水对河滩路堤以及附近农田和建筑物可能造成的危害。

2.桥梁分孔

对于一座较长的桥梁，应当分成若干孔，但孔径划分的大小，不仅影响使用效果和施工难易程度等，而且在很大程度上影响桥梁的总造价。例如，采用的跨径愈大，孔数就愈少，这样固然可以降低墩台的造价，但却使上部结构的造价大大增加；反之，则虽然上部结构的造价降低，但墩台的造价却又有所增加。因此，在满足使用和技术要求的前提下，通常采用最经济的分孔方式，即使上、下部结构的总造价趋于最低。这些要求是：①对于通航河流，在分孔时首先应满足桥下的通航要求。桥梁的通航孔应布置在航行最方便的河域。对于变迁性河流，根据具体条件，应多设几个通航孔。②对于平原区宽阔河流上的桥梁，通常在主河槽部分按需要布置较大的通航孔，而在两侧浅滩部分，按经济跨径进行分孔。③在山区深谷上及水深流急的江河上，或在水库上修桥时，为了减少中间桥墩，应加大跨径。如果条件允许，甚至可以采用特大跨径的单孔跨越。④对于采用连续体系的多孔桥梁，应从结构的受力特性考虑，使边孔与中孔的跨中弯矩接近相等，合理地确定相邻跨之间的比例。⑤对于河流中存在不利因素的地质段，例如岩石破碎带、裂隙、溶洞等，在布孔时，为了使桥基避开这些区段，可以适当加大跨径。

总之，大、中桥梁的分孔是一个相当复杂的问题，必须根据使用要求、桥位处的地形和环境、河床地质、水文等具体情况，通过技术经济等方面的分析比较，做出比较完美的设计。

3.桥道高程

（1）流水净空

对于梁式桥，梁底一般应高出设计洪水位（包括壅水和浪高）不小于 50 cm，高出最高流水位 75 cm，支座底面应高出设计洪水位不小于 25 cm，高出最高流水位不小于 50 cm，但支座部分有围护隔水者可不受此限。

（2）通航净空

为了保证桥下车辆安全通航，通航孔桥跨结构下缘的标高应高出自设计通航水位算起的净空高度。

（3）跨线桥桥下的交通要求

在设计跨线路（铁道或公路）的立体交叉时，桥跨结构底缘的标高应高出规定的车辆净空高度。对于公路所需的净空限界，可参阅相关规定，铁路的净空限界可查阅《铁路桥涵设计规范》（TB 10002—2017）。

综上所述，全桥位于河中各跨的桥道高程均应首先满足流水净空的要求；对于通航或桥下通车的桥孔，还应满足通航净空或建筑净空限界的要求。另外，还应考虑桥的两端能够与公路或城市道路顺利衔接等。

（三）桥梁横断面设计

桥梁横断面的设计，主要是确定桥面的宽度和桥跨结构横截面的布置。桥面宽度设计时要重点考虑的是行车和行人的交通需要。《公路工程技术标准》（JTG B01—2014）规定了各级公路的净空与限界，路面各组成部分的宽度依据设计速度来确定，在建筑限界内，不得有任何部件侵入。

桥上人行道和自行车道的设置，应根据实际需要确定。人行道的宽度为

0.75 m 或 1 m，大于 1 m 时，按 0.5 m 的级差增加。一条自行车道的宽度为 1 m，当单独设置自行车道时，一般不应低于两条自行车道的宽度。不设人行道和自行车道的桥梁，可根据具体情况，设置栏杆和安全带。与路基同宽的小桥和涵洞，可仅设路缘石或栏杆。漫水桥不设人行道，但可设置护柱。

城市桥梁以及位于大、中城市近郊的公路桥梁的桥面净空尺寸，应结合城市实际交通量和今后发展的要求来确定。在弯道上的桥梁应按路线要求予以加宽。

与行车道平行的人行道，两者间应有安全隔离措施，不然人行道和路缘石最好应高出行车道面 0.25～0.35 m，以确保行人和行车的安全。

公路和城市桥梁，为了利于桥面排水，应根据不同类型的桥面铺装，设置从桥面中央倾向两侧 1.5%～3.0%的横向坡度。

四、桥梁设计方案比选

（一）明确各种标高的要求

在桥位纵断面图上，首先按比例绘出设计水位、通航水位、堤顶标高、桥面标高、通航净空、堤顶行车净空位置图。

（二）桥梁分孔和初拟桥型方案草图

在上述确定了各种标高的纵断面图上，根据泄洪总跨径的要求，作桥梁分孔和桥型方案草图。作草图时思路要宽广，只要基本可行，就尽可能多绘制一些草图，以免遗漏可能的桥型方案。

（三）方案初筛

对草图方案做技术和经济方面的初步分析和判断，筛去弱势方案，从中选出 2~4 个构思好、各具特点的方案，做进一步详细研究和比较。

（四）详细设计桥型方案

根据不同桥型，不同跨度、宽度和施工方法，拟定主要尺寸，并尽可能细致地绘制各个桥型方案的尺寸详图。对于新结构，应做初步的力学分析，以准确拟订各方案桥型的主要尺寸。

（五）编制估算或概算

依据编制方案的详图，可以计算出上部结构的主要工程数量，然后依据各省、市或行业的"估算定额"或"概算定额"，编制出各方案的主要材料（钢、木、混凝土等）用量、劳动力数量、全桥总造价等。

（六）方案选定和文件汇总

全面考虑建设工程造价、养护费用、建设工期、营运适用性、美观等因素，综合分析每个方案的优缺点，最后选定一个最佳的方案。在深入比较过程中，应当及时发现并调整方案中的不合理之处，确保最后选定的方案是最佳方案。

上述工作全部完成之后，设计人员便开始着手编写方案说明书。说明书中应阐明方案编制的依据和标准，各方案的主要特色、施工方法、设计概算以及方案比较的综合性评述。对于推荐方案，应做较详细的说明。各种测量资料、地质勘查和地震烈度复核资料、水文调查与计算资料等应按附件载入。

第三节　桥梁工程的科学依据

近代桥梁工程涉及较多的应用学科和广泛的基础知识,主要有以下几个方面。

一、数学

数学是桥梁工程中定性和定量分析的理论基础。在常规测量、计算、绘图等工作中经常要用到解析几何;在解析较复杂的力学问题(如超静定结构、变截面构件、不规则荷载)时要用到微积分;在处理非线性结构、三维和动力问题时,要用到微分和偏微分方程;在研究结构安全度以及进行数据处理时,需用到工程概率与统计;等等。

二、力学

指导桥梁工程结构分析、设计和施工的基本力学知识包括理论力学、材料力学、结构力学、结构动力学等。理论力学研究质点、刚体的静力平衡问题,牛顿动力学原理是解析桥梁静定结构的基本依据。材料力学的研究对象是外力与单个构件内力(弯矩、剪力、轴力、扭矩等)的关系、材料的应力应变关系(弹性、塑性、脆性等)、构件受力后的变形以及确定构件形式和截面尺寸的基本方法等。结构力学以梁和更复杂的结构体系为对象,研究其在固定或移动荷载作用下的力学性能,它引入了单位作用力和影响线的概念来确定移动荷载下结构的最大内力和变形,引入了力法、位移法和有限元法来分析复杂的超静定结构。结构动力学研究桥梁结构在变动的(具有一定的频率和波谱)外力(如车辆、风、地震等）作用下结构的动力响应。主要内容有：动荷载的特性、结构的固有振动特性和结构在动荷载作用下的动力响应。对于常规桥梁，目前的做法是引入冲击系数，把车辆动荷载效应按静力处理；对于大跨度的轻型（或柔性）桥跨（或桥墩），则需要按动力学原理进行分析和设计。

三、工程材料学

工程材料指建造结构时采用的人工合成材料（如钢材、水泥）和加工后的某些天然材料（如石料、砂、木材等）。工程材料学专门研究这些材料的物理、化学性能以及加工（如混凝土合成）处理（如钢材防锈）等问题。随着材料工程的发展，将会有更多的新型材料（如耐候钢、高强或轻质混凝土等）应用于桥梁工程。

四、工程地质学

地质学是研究地壳形成、构造、组织、成分的一门学科。工程地质学只涉及与土木工程建设有关的部分。在桥梁工程中，工程地质学重点研究覆盖土层、上部岩床和地下水；研究它们在桥梁基础建筑前后的物理、化学等性能的变化；研究取得这些资料的物理探测方法等。

五、岩土力学

岩土力学研究各类岩石和泥土在外力作用下的状态和响应，它与工程地质学有紧密关系。桥上的各种作用力最终通过基础传递到泥土或岩石，而基础周围的土石在外力（如重力、水压、地震等）的作用下又会影响到桥梁基础，甚至上部结构。对这些相互作用的力学问题的解析是岩土力学在桥梁工程中的核心应用。

六、水力学

水力学研究水在静态、动态或静动态转变时的力学特性，是流体力学的基础。在桥梁工程中，开敞渠道内的水流机理和位能、动能的转变关系是计算流量、水压、水流作用力的理论依据。有压管道内的水流特征涉及高水头下的涵洞设计。水浮力和浮体稳定对桥梁施工中可能采用的浮式结构（如浮式沉井、工作船组等）的设计也十分重要。

七、水文学

水文学是研究自然界各种水体运动、变化和分布规律的科学。由于大部分桥梁是跨越河流的，因此水文学与桥梁工程的关系十分密切。在设计桥梁时，首先要对所跨越河流的区段流势、河床断面、高程比降及历年变迁有所认识，只有这样，才能比较不同桥位，把桥梁设置在比较稳定的河流区段内。然后，分析桥址处建桥前后的水位、流量、流向、流速等方面的变化，提出桥长、孔径布置方案和需要的导流、防护设施方案。对桥下的一般冲刷、墩位冲刷深度、施工冲刷、桥前壅水、浪高、河滩沙洲的可能变化对桥梁的影响等，要做出估量和判断。必要时应进行水工模型试验。这些都是水文学在桥梁工作中的具体应用。

八、混凝土结构工程

混凝土结构工程以及下述的钢结构工程和基础工程是桥梁工程的核心和主体，其内容包括设计、施工（安装）和科研三部分。混凝土结构的发展经历了素混凝土、钢筋混凝土和预应力混凝土三个阶段。素混凝土可替代石砌圬工，获得成型简易、质量均匀的效果。在桥梁工程中，它常用于以承压为主的结构，如拱圈、桥墩台身、基础的承台和重力式挡土墙等。钢筋混凝土具有钢筋承受拉力而混凝土承受压力的受力特性，能适应梁、柱（墩）板等构件承受的压弯荷载。在浇筑钢筋混凝土构件的过程中，若在构件将来的受拉区两端预先施加并保持预定数值的压力，就形成了预应力混凝土。只要选定的预加力数值合理，就可在各种加载情况下保持截面的材料纤维不出现拉应力（称为全预应力），或者把拉应力及裂缝宽度控制在容许范围内（称为部分预应力）。这样就可克服钢筋混凝土的不足，改善结构性能，获得经济效益。随着预应力技术和高强材料的出现，以及新型结构体系和先进施工方法（如悬臂施工法）的发展，预应力混凝土在桥梁工程中得到了充分应用。

九、钢结构工程

钢结构是钢构件和连接件形成的组合体。在桥梁工程中，桥跨结构是应用钢结构最多的部分，一般采用梁（如钢板梁、钢箱梁）或桁架梁。结构的主要构件常采用I形、H形和箱形截面，次要构件也可采用槽形或T形截面。构件的原材料是钢厂生产的型钢和钢板。通常，这些原材料需要在工厂内进行加工组合，以形成构件，然后在工地进行安装，以形成结构。构件之间的连接方式有销接（销钉连接）、铆接（铆钉连接）、焊接（电焊连接）和栓接（高强度螺栓连接）等。目前常用的连接方式是后两种。

十、基础工程

基础工程与桥梁下部结构有关。在桥梁工程中，常用的基础结构有扩大基础、桩、管柱、沉井等，常用的施工方法有明挖、钻挖、打入、筑岛、围堰等。基础的名称常反映出主体结构和施工方法的特征，如明挖扩大基础、打入桩、围堰管柱、筑岛沉井等。明挖扩大基础又称为浅基础，常用于小桥涵、引桥等，设计施工较为简单。其余的基础结构多用于浅水和深水基础或地质不良的墩台，设计施工较为复杂。基础工程的设计与施工较多地牵涉到水力学、水文学、地质学和岩土力学等知识，也较多地受到现场情况和不确定因素的影响。因此，除计算工作外，能够依靠基本理论知识，结合实际情况做出合理的推断，也是十分重要的。

除上述基础知识和应用学科外，桥梁工程还需要用到其他学科的知识，如工程制图学、测量学等。

第四节 中国桥梁工程发展历史

在19世纪20年代铁路出现以前，造桥所用的材料以石材和木材为主，铸铁和锻铁只是偶尔使用。在漫长的岁月里，人们在实践中积累了丰富的造桥经验，创造了多种多样的桥梁形式。现今使用的主要桥式几乎都能在古代找到起源。在最基本的三种桥式中，梁式桥起源于模仿倒伏于溪沟上的树木而建成的独木桥，由此演变为木梁桥、石梁桥，直至19世纪的桁架梁桥；悬索桥起源于模仿天然生长的跨越深沟而可资攀援的藤条而建成的竹索桥，由此演变为铁索桥、柔性悬索桥，直至有加劲梁的悬索桥；拱桥起源于模仿石灰岩溶洞所形成的"天生桥"而建成的石拱桥,由此演变为木拱桥和铸铁拱桥。

在有了铁路以后,木桥、石桥、铁桥和原来的桥梁基础施工技术就难以适应社会发展的需要。但到19世纪末叶,由于结构力学基本知识的传播、钢材的大量供应、气压沉箱应用技术的成熟,铁路桥梁工程获得迅速发展。20世纪初,北美洲曾在铁路钢桥跨度方面连创世界纪录。到第二次世界大战前,公路钢桥和钢筋混凝土桥的跨度纪录又都超过了铁路桥。

第二次世界大战后,大量被破坏的桥梁亟待修复,新桥急需修建,而造桥钢材短缺,于是,借助于20世纪30年代以来所积累的关于高强材料和高效工艺的经验,几种新型桥应运而生——预应力混凝土桥和斜张桥。

20世纪60年代以来,汽车运输量猛增,材料供应缓和,科学技术迅猛发展,桥梁工程又在提高质量,降低造价、桥梁养护费用等方面取得了很大改进。下面,笔者将简单介绍一下中国桥梁工程的发展历程。

一、在有铁路(1876年)之前

(一)木桥

桥梁最早文献记载见于公元前13世纪,但均不详细。《水经注》记载春秋时晋国公平年间曾在汾水上建木梁木柱桥。秦代建都咸阳,西汉建都长安,那时所修建的渭河桥、灞河桥等,在《水经注》《三辅黄图》中都有确凿记载。这些桥屡毁屡建,多采用木梁木柱或木梁石柱桥式,当桥的跨度大于木材长度时,曾使用悬臂梁式桥及拱桥。据南北朝宋代《沙洲记》记载,在安西到吐鲁番之间,羌人曾修建单跨悬臂梁桥,称为"河厉"。

(二)石桥

河南新野安乐寨村1957年出土的东汉画像砖,刻有石拱桥图形,桥上有车马，桥下有两叶扁舟，证明当时已经修建跨河石拱桥。隋开皇十五年至大业元年，建成净跨37.02米、历一千多年而无恙的赵州桥。金明昌三年建成位于今北京西南的卢沟桥，共11孔，跨度11.4～13.5米，桥栏上配有栩栩如生的大小石狮485个。北京颐和园内的十七孔桥建于清乾隆年间；玉带桥建于乾隆十五年。这两座桥都以同环境协调、使湖山增辉而闻名。在长江以南，从唐代以来曾修建不少以弧形板石及横向长条锁石结成拱圈的石拱桥，以及巨型石梁桥。弧板石拱桥自重较轻，对地基承压强度要求较低，能在软土地基上修建。福建长汀水东桥、江苏苏州宝带桥和浙江杭州拱宸桥都是板石拱桥。

（三）索桥

溜筒桥是一种比较原始的索桥，它以木筒套在悬索上，从筒垂下两股皮绳及一横木；人骑横木，以手用力攀索，使筒沿缆索移动，人就能跟着过去。灌县竹索桥，为宋太宗淳化元年所始建，清嘉庆八年仿旧制重建，名安澜桥，桥长340米，分为8孔，最大跨度61米。

二、有铁路以来到中华人民共和国成立之前（1876～1948年）

1876年英商在上海私修淞沪铁路，开创了中国铁路桥发展的历史。清朝末期修建的较大的铁路钢桥可以京广铁路和津浦铁路的两座黄河桥为例。前者位于郑州以北，1905年建成，原桥总长3 000多米；后者位于济南泺口，1912年建成，跨度91.5米，桥宽9.4米，净空可容双线，但承载能力不足，始终只能按单线行车。公路桥可以1909年建成的兰州黄河桥为例，该桥包括5孔跨度各为45.9米的简支桁架梁。

1933年，浦口—南京间的长江上建成的铁路轮渡，沟通了以长江为界的南北铁路。1937年9月，杭州钱塘江大桥的主体建成，并将铁路部分接通；10月，将公路部分接通。1941年，湘桂铁路通车，前往柳州之东，黔桂铁路亟待从柳州向西修建。在水泥和钢材短缺的情况下，施工人员曾用旧钢轨修建排架和塔架，将跨度原为10～13米的旧钢板梁制成跨度为30米的双柱式桁架梁的上弦，桁架下弦及竖杆均以旧钢轨改制，建成了一座长达582米且构造特殊的柳江铁路桥。

三、中华人民共和国成立以后

在国民经济恢复时期和第一个五年计划期间，我国迅速修复并加固了许多旧桥，也新建成不少重要大桥，其中包括跨越长江的武汉长江大桥，它使我国的南北铁路网连接起来。1958年后，大跨公路桥的修建也逐步提上日程，新技术得到推广。

（一）钢桥

现以桁架梁桥为主。铁路桥跨度不大于80米者，一般按桥梁标准设计建造。跨度不大于160米者，一般用全悬臂法架设；跨度为176米和192米者，则采用悬臂拼装并在跨中合龙的方法架设。20世纪60年代以来，栓焊结构运用得较多。例如，成昆铁路跨度112米的拱、梁组合体系，陕西安康跨度为176米的汉江斜腿刚架铁路桥，京山铁路跨度为3×144米的永定新河连续桁架梁桥等。

（二）混凝土桥

钢筋混凝土简支梁在小跨度桥中使用较早，预应力混凝土简支梁的应用始于1956年。1965年建成的河南汤阴五陵卫河窄轨铁路桥和江苏盐河公路桥，都是T型刚构预应力混凝土桥，且都采用悬臂拼装法施工。当前我国较大跨度的钢筋和预应力混凝土桥有：重庆长江大桥、湖北沙洋汉江桥、山东济南黄河斜张桥、广西来宾红水河桥。双曲拱桥于1964年始建于江苏无锡，其第一孔的跨度为9米，这种桥节省钢材，并不必使用大型起吊设备，因而迅速得到推广，其最大跨度曾达150米。

（三）石拱桥

公路石拱桥跨度纪录为116米；铁路石拱桥跨度纪录为54米。中国桥梁界专家们曾预言：21世纪世界桥梁将实现新型、大跨、轻质、灵敏和美观的国际桥梁发展新目标。

20世纪90年代以来，桥梁界设计与建造桥梁时将实用功能与艺术构思融为一体，充分考虑周边环境保护，使一座座桥梁成为城市中新的旅游风景线。如连接京九铁路、贯通江西九江和湖北黄梅的九江长江大桥，是中国目前规模最大的柔性拱刚性梁连续栓焊钢桁梁特大桥，远看像一条游龙腾跃飞九霄，与周边庐山峻岭秀峰、甘棠白水碧湖、鄱阳湖潮、浔阳楼阁等名山锦绣相得益彰。

21世纪，随着高强度钢、玻璃钢、铝合金、碳纤维等太空轻质材料的大量启用，桥梁建筑的主要材料不断更新，桥梁结构的形式呈现出多样化发展格局。目前，计算机技术的发展为桥梁结构的优化设计创造了条件，使桥梁设计人员可以对即将兴建的桥梁进行仿真分析，使不同材料的性能发挥到极致；结构动力学理论的发展与完善使设计人员采用非常轻质的梁型时，不致出现像著名的塔科马海峡吊桥那样有被风吹塌的危险。

21世纪建成的新型大桥将"头脑"灵活、"感觉"敏捷。计算机系统和传感器系统可以感知风力、气温状况，同时可随时得到并反映大桥的承载情况、交通状况，桥面还将设有路径传感器，客车无人驾驶时不会偏离车道并能顺利通过大桥。自动收费装置将阻截"逃票"车辆，足额交费才可放行。桥体内的传感器可测出大桥各部位的潜在危险及故障，并及时发出警报。

第二章　桥梁工程建设施工

第一节　桥梁基础施工

基础作为桥梁结构的一个重要组成部分，起着支承桥跨结构，保持体系稳定，把上部结构、墩台自重及车辆荷载传递给地基的重要作用。基础的施工质量直接决定着桥梁的强度、刚度、稳定性、耐久性和安全性。基础工程属于隐蔽工程，若出现质量问题，不易发现和修补处理，因此必须高度重视桥梁基础施工，严格按照规范施工，确保工程质量。

一、明挖扩大基础施工

扩大基础属直接基础，是将基础底板设在直接承载地基上，来自上部结构的荷载通过基础底板直接传递给承载地基。扩大基础的施工通常是采用明挖的方式进行的。实际操作中基坑开挖往往与气象、工程地质及水文地质条件有着密切的联系。如果地基土质较为坚实，开挖后能保持坑壁稳定，可不设置支撑，采取放坡开挖。在实际工程中，由于土质关系、开挖深度、放坡受到用地或施工条件限制等因素的影响，需采取某些加固坑壁的措施，如挡板支撑、钢木结合支撑、混凝土护壁等。在开挖过程中有渗水时，则需要在基坑四周挖边沟或集水井以利排除积水。在水中开挖基坑时，通常需预先修筑临时性的挡水结构物（围堰），如草袋围堰，然后将基坑内的水排干，再开挖基坑。基坑开挖至设计标高后，及时进行坑底土质鉴定、清理与整平工作，及时砌筑基础结构物。

明挖扩大基础施工的主要内容包括基坑开挖的前期准备、基坑开挖、水中地基的基坑开挖、基坑排水、基底检验与处理、基础施工等。

（一）基坑开挖的前期准备

基坑开挖与自然条件较为密切，应充分了解工程周围环境与基坑开挖的关系。在确保基坑及周围环境安全的前提下，合理确定施工方案，准确选用支护结构。

①了解工程地质及水文地质条件。在施工前应掌握工程地质报告，充分了解基坑处的地质构造、土层分类及参数、地层描述、地质剖面图及钻孔柱状图。

②工程周围环境调查。基坑开挖会引起周围地下水位下降，地表沉降会对周围建筑物、管线及地下设施带来影响，因此在基坑开挖前，应对周围环境进行调查，采取可靠措施将基坑开挖对周围环境的影响控制在允许的范围内。

③明挖地基施工前，应对基坑边坡的稳定性进行验算，并制订专项施工方案和安全技术方案。当基坑开挖需进行爆破施工时，爆破作业的安全管理应符合现行国家标准的规定。

④基坑开挖时应对其边坡的稳定性进行检测，对于开挖深度超过 5 m 的特大型深基坑，除按照边开挖、边支护的原则开挖，在开挖施工之前，应编写专项的边坡稳定监测方案。

⑤基坑的定位放样。在基坑开挖前，先进行基础的定位放样工作，以便将设计图上的基础位置准确地设置到桥址上，并用骑马桩将中心位置固定。放样工作是根据桥梁中心线与墩台的纵横轴线，推出基础边线的定位点，再放线画出基坑的开挖范围。

（二）基坑开挖

基坑开挖应根据地质条件、基坑深度、施工期限与经验及有无地表水或者地下水等因素采用适当的施工方法。

1.坑壁不加支撑的基坑

在干涸无水河滩、河沟中，或筑堤能排除地表水的河沟中，在地下水位低于基底，或渗透量少、不影响坑壁稳定时，以及基础埋置不深、施工期较短，挖基坑时不影响邻近建筑物安全的场所，可选用坑壁不加支撑的基坑。

黏性土在半干硬或硬塑状态，基坑顶无活荷载，稍松土质，基坑深度不超过 0.5 m，中等密实（锹挖）土质基坑深度不超过 1.25 m，密实（镐挖）土质基坑深度不超过 2.0 m 时，均可采用垂直坑壁基坑。基坑深度在 5 m 以内，土的湿度正常时，采用斜坡坑壁开挖或按坡度比值挖成阶梯形坑壁，每梯高度以 0.5~1.0 m 为宜，可作为人工运土出坑的台阶。当基坑深度大于 5 m 时，可将坑壁坡度适当放缓，或加设平台。当土的湿度影响坑壁的稳定性时，应采用该湿度下土的天然坡度或采取加固坑壁的措施。当基坑的上层土质适合敞口斜坡坑壁条件，下层土质为密实黏性土或岩石时，可用垂直坑壁开挖，在坑壁坡度变换处，应保留至少 0.5 m 的平台。

2.坑壁有支撑的基坑

当基坑壁坡不易稳定并有地下水渗入，或放坡开挖场地受到限制，或基坑较深、放坡开挖工程数量较大，不符合技术经济要求时，可采用坑壁有支撑的基坑。常用的坑壁支撑形式有直衬板式坑壁支撑、横衬板式坑壁支撑、框架式支撑及其他形式的支撑。

对坑壁采取支护措施进行基坑的开挖时，应符合下列规定：

①当基坑较浅且渗水量不大时，可采用竹排、木板、混凝土板或钢板等对坑壁进行支护；当基坑深度小于或等于 4 m 且渗水量不大时，可采用槽钢、H型钢或工字钢等进行支护；当地下水位较高，基坑开挖深度大于 4 m 时，宜采用锁口钢板桩或锁口钢管桩围堰进行支护；当条件许可时，也可采用水泥土墙、混凝土围圈或桩板墙等支护方式。

②对支护结构应进行设计计算，当支护结构受力过大时应加设临时支撑，支护结构和临时支撑的强度、刚度及稳定性应满足基坑开挖施工的要求。

基坑坑壁采用喷射混凝土、预应力锚索和土钉支护等方式进行加固时，其施工应符合下列规定：

①对基坑开挖深度小于10 m的较完整风化基层，可直接喷射混凝土加固坑壁。喷射混凝土之前应将坑壁上的松散层或岩渣清理干净。

②对预应力锚索和土钉支护，均应在施工前按设计要求进行抗拉拔力的验证试验，并确定适宜的施工工艺。

③利用锚杆、挂网、喷射混凝土加固坑壁时，各层锚杆进入稳定层的长度、间距和钢筋的直径均应符合设计要求。当孔深小于或等于3 m时，宜采用先注浆后插入锚杆的施工工艺；当孔深大于3 m时，宜先插入锚杆后注浆。锚杆插入孔内后应居中固定，注浆应采用孔底注浆法，注浆管应插至距孔底50～100 mm处，并随浆液的注入逐渐拔出，注浆的压力不宜小于0.2 MPa。

④采用预应力锚索加固坑壁时，预应力锚索（包括锚杆）编束、安装和张拉等的施工应符合规范规定。

⑤采用土钉支护加固坑壁时，施工前应制订专项施工技术方案和施工监控方案，配备适宜的机具设备。土钉支护中的开挖、成孔、土钉设置及喷射混凝土面层等的施工可按现行行业标准规定执行。

⑥不论采用何种加固方式，均应按设计要求逐层开挖、逐层加固，坑壁或边坡上有明显出水点处应设置导管排水。

（三）水中地基的基坑开挖

桥梁墩台基础大多位于地表水位以下，有时水流还比较大，施工时都希望在无水或水静止条件下进行。桥梁水中基础最常用的施工方法是围堰法。围堰的作用主要是防水和围水，有时还起着支撑施工平台和基坑坑壁的作用。

围堰的结构形式和材料要根据水深、流速、地质情况、基础形式及通航要求等条件进行选择。任何形式和材料的围堰，均必须满足下列要求：

①围堰顶高宜高出施工期间最高水位70 cm，最低不应小于50 cm，用于防御地下水的围堰宜高出水位或地面20～40 cm。

②围堰外形应适应水流排泄，不应过多压缩流水断面，以免壅水过高危害

围堰安全,以及影响通航、导流等。围堰内的平面尺寸应满足基础施工的要求,并留有适当的工作面积。

③围堰的填筑应分层进行,减少渗漏,并应满足堰身强度和稳定性的要求,使基坑开挖后,围堰不致发生破裂、滑动或倾覆。

④围堰要求防水严密,应尽量采取措施防止或减少渗漏。对围堰外围边坡的冲刷和筑围堰后引起的河床的冲刷均应有防护措施。

⑤围堰施工一般安排在枯水期进行。

(四)基坑排水

围堰完工后,需将堰内积水排除。在开挖过程中,也可能有渗水出现,必须随挖随排。要排除坑内渗水,首先估算渗水量,然后安排排水能力应大于渗水量的1.5~2.0倍的抽水设备。排水方法有集水坑排水法及井点排水法等。集水坑排水法适用于粉细砂土质以外的各种地层基坑。井点排水法适用于粉砂、细砂或地下水位较高、挖基较深、坑壁不易稳定和普通排水方法难以解决的基坑。应根据土层的渗透系数、要求降低地下水位的深度及工程特点,选择适宜的井点类型和所需的设备。

1.集水坑排水法

除严重流砂外,一般情况下均可适用。集水坑的大小,主要根据渗水量的大小而定;排水沟底宽不小于0.3 m,纵坡为1‰~5‰。如排水时间较长或土质较差,沟壁可用木板或荆篱支撑防护。集水坑一般设在下游位置,坑深应大于进水龙头高度,并用荆篱、竹篾、编筐或木笼围护,以防止泥沙阻塞吸水龙头。

采用集水坑排水时应符合下列规定:

①基坑开挖时,宜在坑底基础范围之外设置集水坑并沿坑底周围开挖排水沟,使水流入集水坑内,排出坑外。集水坑的尺寸宜根据渗水量的大小确定。

②排水设备的排水能力宜为总渗水量的1.5~2.0倍。

2.井点排水法

当土质较差,有严重流砂现象、地下水位较高、挖基较深、坑壁不易稳定,用普通排水方法难以解决时，可采用井点排水法。井点排水法适用于渗透系数为 0.5～150 m/d 的土壤中，尤其在 2～50 m/d 的土壤中效果最好。降水深度一般可达 6 m，二级井点可达 9 m，超过 9 m 应选用喷射井点或深井点法。具体可视土层的渗透系数、要求降水深度及工程特点等，选择适宜的井点排水法和所需的设备。

采用井点排水法时应符合下列规定：

①井点排水法适用于粉砂、细砂、地下水位较高、有承压水、挖基较深、坑壁不易稳定的土质基坑，在无砂的黏质土中不宜采用。

②井管的成孔可根据土质分别采用射水成孔、冲击钻机、旋转钻机及水压钻探机成孔。

③应做好沉降及边坡位移监测，保证水位降低区域内构筑物的安全，必要时应采取防护措施。

（五）基底检验与处理

1.基底检验

基础是隐蔽工程，在基础浇筑之前，应按规定进行检验。确保地基允许承载力达到设计要求；保证墩台稳定，不致滑动；确定基坑位置和标高与设计文件相符。

基底的检验应包括下列内容：

①基底的平面位置、尺寸和基底高程。

②基底的地质情况和承载力。

③基底处理和排水情况。

④施工记录及相关资料等。

2.基底处理

天然地基上的基础是直接靠基底土壤来承担荷载的，故基底土壤状态的好坏，对基础及墩台、上部结构的影响很大，因此不能仅检查土壤名称与允许承载力大小，还应为土壤更有效地承担荷载创造条件，即要进行基底处理工作。

基底处理方法因基底土质而异。

（六）基础施工

明挖基坑中的基础施工，有的基坑渗漏很小，易于排水施工；有的渗漏严重，不易将水排干。为了方便施工和保证施工质量，应尽可能地在基底处于无水状态下浇砌基础。通常，基础施工可分为无水砌筑、排水砌筑及水下灌注三种情况。

排水砌筑的施工要点是：确保在无水状态下砌筑圬工；禁止带水作业及用混凝土将水赶出模板外的灌注方法，基础边缘部分应严密隔水；水下部分圬工必须待水泥砂浆或混凝土终凝后才允许浸水。

水下灌注混凝土一般在排水困难时采用。基础圬工的水下灌注分为水下封底和水下直接灌注基础两种。前者封底后仍要排水再砌筑基础，封底只是起封闭渗水的作用，其混凝土只作为地基而不作为基础本身，适用于板桩围堰开挖的基坑。

桥梁基础施工中水下混凝土的灌注广泛采用的是垂直移动导管法。混凝土经导管输送至坑底，并迅速将导管下端埋没，随后混凝土不断地被输送到被埋没的导管下端，从而使先前输送到的但尚未凝结的混凝土向上和向四周推移。随着基底混凝土的上升，导管也缓慢地向上提升，直至达到要求的封底厚度时，停止灌注混凝土，并拔出导管。

二、沉入桩基础施工

当地基浅层土质较差，持力层埋藏较深，需要采用深基础才能满足结构物对地基强度、变形和稳定性的要求时，可采用桩基础。桩基础是常用的桥梁基础类型之一。

（一）基桩分类

基桩按材料分类有木桩、钢筋混凝土桩、预应力混凝土桩与钢桩。桩基础按承受荷载的工作原理的不同分为摩擦桩、柱桩、嵌岩桩；按施工方法的不同又可分为钻孔灌注桩、挖孔灌注桩、打入桩等。桥梁基础中应用较多的是钢筋混凝土桩和预应力混凝土桩。按制作方法分为预制桩和钻（挖）孔灌注桩；按施工方法分为锤击沉桩、振动沉桩、射水沉桩、静力压桩、就地灌注桩与钻孔埋置桩等，前四种又称为沉入桩。应依据地质条件、设计荷载、施工设备、工期限制及对附近建筑物产生的影响等来选择桩基的施工方法。

沉入桩所用的基桩主要为预制的钢筋混凝土桩、预应力混凝土桩和钢管桩。制作钢筋混凝土桩和预应力混凝土桩所用技术应依据《公路桥涵施工技术规范》（JTG/T 3650—2020）来确定。此外，还应注意以下事项：

①钢筋混凝土桩的主筋宜采用整根钢筋，如需接长时，宜采用对焊连接或机械连接，接头应相互错开。箍筋或螺旋筋与纵向钢筋的交接处宜采用点焊焊接；当采用矩形绑扎筋时，箍筋末端应为135°弯钩或90°弯钩加焊接；桩两端的加密箍筋均应采用点焊焊成封闭箍。

②采用焊接连接的混凝土桩，应按设计要求准确预埋连接钢板。采用法兰盘连接的混凝土桩，法兰盘应对准位置连接在钢筋或预应力筋上；先张法预应力混凝土桩采用法兰盘连接时，应先将法兰盘连接在预应力筋上，然后进行张拉；法兰盘应保证焊接质量。

③每根或每一节桩的混凝土应由桩顶向桩尖方向连续浇筑，不得留施工缝。混凝土浇筑完毕后，应及时覆盖养护，并在桩上标明编号、浇筑日期和吊点位置，同时填写制桩记录。

（二）沉桩方法

沉桩前应在陆域或水域建立平面测量与高程测量的控制网点，桩基础轴线的测量定位点应设置在不受沉桩作业影响处；应对空中、地上和地下的障碍物进行妥善处理；应根据桩的类型、地质条件、水文条件及施工环境条件等确定沉桩的方法。沉入桩的施工方法主要有锤击沉桩、射水沉桩、振动沉桩、静力压桩和水中沉桩等。

1. 锤击沉桩

锤击沉桩一般适用于中密砂类土、黏性土。由于锤击沉桩依靠桩锤的冲击能量将桩打入土中，因此一般桩径不能太大（不大于 0.6 m），入土深度在 40 m 左右，否则对沉桩设备的要求就会较高。沉桩设备是桩基施工成败的关键，应根据土质、工程量、桩的种类、规格、尺寸、施工期限、现场水电供应等条件选择。

（1）沉桩设备

锤击沉桩的主要设备有桩锤、桩架、桩帽及送桩等。

①桩锤。桩锤可以分为坠锤、单动气锤、双动气锤、柴油锤和液压锤等。

②桩架。桩架是沉桩的主要设备。桩架主要由吊杆、导向架、起吊装置、撑架和底盘组成。桩架可以用木料和钢材做成，分为轨道式桩架、液压步履式桩架、悬臂履带式桩架和三点支承式桩架，工程中常用的是钢制轨道式桩架。

③桩帽。打桩时，要在锤和桩之间设置桩帽。它既要起缓冲和保护桩顶的作用，又要保持沉桩效率。因此，在桩帽上方（锤与桩帽接触一方）填充硬质缓冲材料，如橡木、树脂、硬桦木、合成橡胶等；在桩帽下方应垫以软质缓冲材料，如麻饼、草垫、废轮胎等。

④送桩。当桩顶设计标高在导杆以下时，需用送桩，送桩可以用硬木、钢或钢筋混凝土等制成。

（2）施工要点

锤击沉桩的施工应符合下列规定：

①预制钢筋混凝土桩和预应力混凝土桩在锤击沉桩前，桩身混凝土强度应达到设计要求。

②桩锤的选择宜根据地质条件、桩身结构强度、单桩承载力、锤的性能并结合试桩情况确定，且宜选用液压锤和柴油锤。其他辅助装备应与所选用的桩

锤相匹配。

③开始沉桩时，宜采用较低落距，且桩锤、送桩与桩宜保持在同一轴线上；在锤击过程中，应采用重锤低击。

④沉桩过程中，若遇到贯入度剧变，桩身突然发生倾斜、移位或有严重回弹，桩顶出现严重裂缝、破碎，桩身开裂等情况时，应暂停沉桩，查明原因，采取有效措施后方可继续沉桩。

⑤锤击沉桩应考虑锤击振动对其他新浇筑混凝土结构物的影响，当结构物混凝土未达到 5 MPa 时，距结构物 30 m 范围内，不得进行沉桩。

⑥对发生"假极限""吸入""上浮"现象的桩，应进行复打。

（3）锤击沉桩的停锤控制标准

①当设计桩尖土层为砾石、密实砂土或风化岩时，应以贯入度控制为主。当沉桩贯入度已达到控制贯入度，而桩端未达到设计高程时，应继续锤击贯入 100 mm 或锤击 30~50 击，其平均贯入度应不大于控制贯入度，且桩端距设计高程不宜超过 1~3 m（硬土层顶面高程相差不大时取小值）。超过上述规定时，应会同监理和设计单位研究处理。

②当设计桩尖土层为硬塑状的黏性土或粉细砂时，应以高程控制为主，贯入度作为校核。当桩尖已达到设计高程而贯入度仍较大时，应继续锤击使其贯入度接近控制贯入度，但继续下沉时，应考虑施工水位的影响；当桩尖距离设计高程较大，而贯入度小于控制贯入度时，可按上款执行。

2.射水沉桩

射水施工方法的选择应视土质情况而异。在砂夹卵石层或坚硬土层中，一般以射水为主，锤击或振动为辅；在亚黏土或黏土中，为避免降低承载力，一般以锤击或振动为主，以射水为辅，并应适当控制射水时间和水量。下沉空心桩一般将射水管安装在桩内部进行射水，当下沉较深或土层较密实时，可用锤击或振动，配合射水；下沉实心桩，将射水管对称地装在桩的两侧，并能沿着桩身上下自由移动，以便在任何高度上射水冲土。必须注意，不论采取何种射水施工方法，在沉入最后阶段至设计标高 1~1.5 m 时，应停止射水，单用锤击或振动沉入至设计深度。

射水沉桩的主要设备包括水泵、水源、输水管路和射水管等。

射水沉桩的施工要点是：吊插基桩时要注意及时引送输水胶管，防止拉断与脱落；基桩插正立稳后，压上桩帽桩锤，开始用较小水压，使桩靠自重下沉；下沉初期应控制桩身不宜下沉过快，以免阻塞射水管嘴，并注意随时控制和校正桩的方向；下沉渐趋缓慢时，可开锤轻击，沉至一定深度（8~10m）已能保持桩身稳定后，可逐步加大水压和锤的冲击动能；沉桩至距设计标高一定距离（2.0 m以上）停止射水，拔出射水管，进行锤击或振动使桩下沉至设计要求标高。

若采用中心射水法沉桩，要在桩垫和桩帽上留有排水通道，防止射水从桩尖孔返入桩内，产生水压，造成桩身胀裂。管桩下沉到位后，如设计要求以混凝土填芯，应用吸泥法等清除沉渣以后，用水下混凝土填芯。

3.振动沉桩

振动沉桩适用于砂质土、硬塑及软塑的黏性土和中密及较松散的碎、卵石类土。对于软塑类黏土及饱和砂质土，当基桩入土深度小于15 m时，可只用振动沉桩机。除此情况外，宜采用射水配合沉桩。

4.静力压桩

静力压桩是采用静压力将桩压入土中，即以压桩机的自重克服沉桩过程中的阻力，适用于高压缩性土或砂性较轻的亚黏土层。沉桩速度视土质状况而异。同一地区，截面尺寸相同与沉入深度相同的桩，其极限承载能力与锤击沉桩大体相同。

5.水中沉桩

在河流水浅时，一般可搭设由施工便桥、便道、土岛和各种类型脚手架组成的工作平台，其上安置桩架并进行水中沉桩作业。

在较宽阔的河中，可将桩安设在组合的浮体或固定平台上，也可使用专用打桩船。此外，还可采用以下几种方法：

①先筑围堰后沉基桩法：一般在水不深、桩基临近河岸的情况下采用此法。

②先沉基桩后筑围堰法：一般适用于较深的水中桩基。此法包括拼装导向围笼并将其浮运至墩位，抛锚定位，围笼下沉接高；在围笼内插打定位桩，下沉其余基桩，然后插打钢板桩，组成防水围堰；以及其后的吸泥、水下混凝土封底等工序。

③用吊箱围堰修筑水中桩基法：一般用于修筑深水中的高桩承台。悬吊在水中的套箱，在沉桩时用作导向定位。沉桩完成后进行封底抽水，浇筑水中混凝土承台。

三、钻孔桩基础施工

（一）施工前的准备工作

钻孔桩由于其施工速度快，质量稳定，受气候环境影响小，因而被普遍采用。但其施工前的准备工作十分重要，只有条件充分才能保证施工顺利进行。

①认真进行施工放样。用全站仪准确放出各桩位中心，用骑马桩固定位置，用水准仪测量地面标高，确定钻孔深度。

②根据地质资料，确定科学合理的钻孔方法和钻孔设备，架设好电力线路，配备适合的变压器。若用柴油机提供动力，则应购置与设备动力相匹配的柴油机和充足的燃油。混凝土搅拌机、电焊机、钢筋切割机，以及水泥、砂石材料均要在钻孔开始前准备妥当。

③埋设护筒。护筒的作用是固定钻孔位置，宜采用钢板卷制，应坚固、耐用、不变形、不漏水、装卸方便、能重复使用。

④制备泥浆。钻孔泥浆由水、黏土（或膨润土）和添加剂组成。根据钻孔方法和地质情况，一般需采用泥浆悬浮钻渣和护壁。除地层本身全为黏性土且能在钻进中形成合格泥浆外，开工前应准备数量充足和性能合格的黏土和膨润土。调制泥浆时，先将土加水浸透，然后用搅拌机或人工拌制，按不同地层情况严格控制泥浆浓度。施工完成后的废弃泥浆应采取先集中沉淀再处理的措

施，严禁随意排放，以免污染环境和水域。

⑤钢筋笼制作。在钻孔之前或者钻孔的同时要制作好钢筋笼，以便成孔、清孔后尽快灌注混凝土，防止塌孔事故发生。

（二）钻孔施工方法

钻孔方法有很多，国内常见的主要有冲抓钻法、冲击锤法、正循环回旋法、反循环回旋法等。

1.冲抓钻法

冲抓锤是一种最简单的钻孔机械，由三脚立架、锤头、卷扬机三部分组成。施工时利用张开的叶瓣向下冲击切入土中，收紧叶瓣将土石抓入锤中，提升出孔后卸去土石，如此反复循环。

该方法的优点是所需机械简单、成本较低，但施工自动化程度低，需人工操作，清运渣土劳动强度大，施工速度较慢。冲抓钻法主要适用于土层，孔深为30~40 m。

2.冲击锤法

冲击锤由冲击钻头、三角立架、卷扬机三部分组成。该方法适用于砂砾石和岩石地层。其工作原理是：不断提锤、落锤，利用锤头的冲击作用将砂砾石或岩石砸成碎末、细渣，靠泥浆将其悬浮起来排出孔外。锤体一般为圆柱形，用钢材制成，锤头呈十字形，利于破碎岩石。一般可先用60~80 cm的细锤头钻进，再用大锤头扩孔至设计孔径。这样既可以保证孔壁稳定，防止塌孔，又可以提高效率。冲击锤法施工效率较高，在工程中普遍适用。

3.正循环回转法

利用钻具旋转切削土体钻进，泥浆泵将泥浆压进泥浆笼头，通过钻杆中心从钻头喷入钻孔内，泥浆携带钻渣沿钻孔上升，从护筒顶部排浆孔排出至沉淀池，钻渣在此沉淀而泥浆流入泥浆池循环使用。其优点是钻进与排渣同时连续进行，在适用的土层中钻进速度较快，但需设置泥浆槽、沉淀池等，施工占地较多,且机具设备较复杂。

4.反循环回转法

与正循环法不同的是泥浆输入钻孔内,从钻头的钻杆下口吸进,通过钻杆中心排出至沉淀池内。其钻进与排渣效率较高,但接长钻杆时装卸麻烦,钻渣容易堵塞管路。另外,因泥浆是从上向下流动,孔壁坍塌的可能性较正循环法大,为此需用较高质量的泥浆。

(三)钻孔事故

由于地质构造的复杂性和施工期间各种因素的影响,钻孔事故常有发生,常见的钻孔(包括清孔)事故有塌孔、钻孔偏斜、掉钻落物、糊钻、扩孔及缩孔,以及形成梅花孔、卡钻、钻杆折断、钻孔漏浆等。当遇到事故时,要冷静分析事故类型及成因,并及时采取补救措施。

(四)清孔

清孔的目的是除去孔底沉淀的钻渣和泥浆,以保证灌注的钢筋混凝土质量。常用的清孔方法有掏渣清孔法、换浆清孔法、抽浆清孔法、喷射清孔法等几种。

①掏渣清孔法是用掏渣筒、大锅锥或冲抓钻清掏孔底粗钻渣,仅适用于机动推钻、冲抓、冲击钻孔的各类土层摩擦桩的初步清孔。

②换浆清孔法适用于正循环钻孔的摩擦桩。钻孔完成之后,提升钻锥距孔底 10～20 cm,继续循环,以相对密度较低的泥浆压入,把钻孔内的悬浮钻渣和相对密度较大的泥浆换出。

③抽浆清孔法清孔底效果较好,适用于各种方法钻孔的柱桩和摩擦桩,一般用反循环钻机、空气吸泥机、水力吸泥机或真空吸泥泵等进行。

④喷射清孔法只宜配合其他清孔方法使用。在灌注混凝土前对孔底进行高压射水或射风数分钟,使剩余少量沉淀物漂浮后,立即灌注水下混凝土。

（五）吊装钢筋骨架及导管

1.钢筋骨架

由主筋、加强筋、螺旋箍筋、定位筋四部分组成，其构造应满足设计要求。经检查合格后，用起重机吊起垂直放入孔内，相邻节端应焊接牢靠，定位准确。下到设计位置后，应在顶部采取相应措施反压并固定其位置，防止在混凝土灌注过程中产生上浮。

2.导管

导管是灌注水下混凝土的重要工具，一般选用刚性导管。刚性导管用钢管制成，内径一般为25～35 cm，每节长4～5 m，用端头法兰盘螺栓连接，接头间夹有橡胶垫防止漏水。导管上口一般设置储料槽和漏斗，在灌注末期，当钻孔桩桩顶低于孔中水面时，漏斗底口高出水面不宜小于4～6 m；当桩顶高于井孔中水面时，漏斗底口高出桩顶不宜小于4～6 m。导管使用前应进行必要的水密、承压和接头抗拉等试验。吊装前应进行试拼，接口连接应严密、牢固。吊装时，导管应位于井孔中央，并在混凝土灌注前进行升降试验。

（六）水下混凝土的灌注

目前我国多采用直升导管法灌注水下混凝土。灌注混凝土之前，应先探测孔底泥浆沉淀厚度。如果大于规定值，要再次清孔，但应注意孔壁的稳定，防止塌孔。

（七）质量检验与质量标准

钻孔在终孔后，应使用仪器对成孔的孔位、孔深、孔形、孔径、竖直度（斜度）进行检验，并对孔底沉淀厚度等进行检验。

钻孔桩水下混凝土的质量应符合下列要求：

①桩身混凝土和桩底后压浆中水泥浆的抗压强度应符合设计规定。每桩的试件取样组数应各为3～4组，混凝土和水泥浆的检验要求应分别符合《公路

桥涵施工技术规范》（JTG/T 3650—2020）要求。

②对桩身的完整性进行检验时，检测的数量和方法应符合设计要求。宜选择有代表性的桩采用无破损法进行检测，重要工程或重要部位的桩宜逐桩进行检测；设计有规定时或对桩的质量有疑问时，应采用钻取芯样法对桩进行检测，当需检验柱桩的桩底沉淀与地层的结合情况时，其芯样应钻至桩底 0.5 m 以下。

③经检验桩身质量不符合要求时，应研究处理方案，报批处理。

（八）挖孔灌注桩

挖孔灌注桩多用人工开挖和小型爆破，配合小型机具成孔，灌注混凝土形成桩基。挖孔灌注桩适用于无水或地下水较少，且较密实的各类土层或风化岩层中，或无法采用机械成孔或机械成孔非常困难且水文、地质条件不允许的地区，桩径不小于 1.2 m，孔深不宜大于 15 m。其特点是设备投入少、成本低，成孔后可直观检查孔内土质状况，基桩质量有可靠保证。

挖孔灌注桩施工应符合下列规定：

①人工挖孔施工应制订专项施工技术方案，并根据工程地质和水文地质情况，因地制宜选择孔壁支护方式。

②孔口处应设置高出地面不小于 300 mm 的护圈，并设置临时排水沟，防止地表水流入孔内。

③挖孔施工时相邻两桩孔不得同时开挖，宜间隔交错跳挖。

④采用混凝土护壁支护的桩孔必须挖一节浇筑一节护壁，护壁的节段高度必须按施工技术方案执行，严禁只挖但不及时浇筑护壁的冒险作业。护壁外侧与孔壁间应填实，不密实或有空洞时，应采取措施进行处理。

⑤桩孔直径应符合设计规定，孔壁支护不得占用桩径尺寸。挖孔过程中，应经常检查桩孔尺寸、平面位置和竖轴线倾斜情况，如有偏差应随时纠正。

⑥挖孔的弃土应及时转运，孔口四周作业范围内不得堆积弃土及其他杂物。

⑦挖孔达到设计高程并经确认后，应将孔底的松渣、杂物和沉淀泥土等清除干净。

⑧孔内无积水时，混凝土的灌注可按有关规定施工；孔内有积水且无法排净时，宜按水下混凝土灌注的要求施工。

第二节　桥梁墩台施工

一、墩台施工模板的构造要求和类型

桥墩与桥台的施工是桥梁建造中的重要组成部分。目前，桥梁墩台修建常用的材料有石料、混凝土、钢筋混凝土、预应力混凝土等。此外还有加筋土桥台等。随着我国桥梁技术的进步，有时跨谷的桥墩很高，如内（江）昆（明）铁路花土坡特大桥工程采用了高度达 110 m 的钢筋混凝土超高桥墩，它表明我国桥梁墩台施工技术上了一个新台阶。

桥梁墩台施工方法通常分为两大类：一类是现场就地浇筑与砌筑，另一类是拼装预制的混凝土砌块、钢筋混凝土或预应力混凝土构件。第一类方法是墩台施工中的主要方法，其优点是工序简便、机具较少、技术操作难度较小；但是施工期限较长，需耗费较多的劳力与物力。近年来，交通建设迅速发展，施工机械（起重机械、混凝土泵送机械及运输机械）也随之有了很大进步，采用预制装配构件建造桥梁墩台的施工方法有新的进展。该方法的特点是既可确保施工质量、降低工人劳动强度，又可加快工程进度，提高工程效益。

桥梁墩台施工过程主要包括模板工程、混凝土工程、砌体工程等几个方面。模板工程在施工过程中是非常重要的，它是保证桥梁墩台施工精度的基础，同时在施工过程中其受力情况复杂多变，必须保证其具有足够的强度和刚度。

墩台施工的基本要求是保证其位置、高程、各部分尺寸与材料强度均符合设计的规定。墩台位置与尺寸如果有误差，则容易使墩台产生过大应力，甚至使桥跨结构无法安装。因此，墩台定位要求各墩台中心距相对误差小于1/5 000。墩台中心确定后，即可确定墩台的纵、横十字线方向，并根据设计的结构尺寸进行放样施工。在施工过程中随着墩台身的不断抬高，应经常进行墩台中心及桥跨尺寸的测量。墩台施工容许误差，在施工规范中都有规定。

（一）墩台施工模板的构造要求

墩台轮廓尺寸和表面的光洁通过模板来保证，因此模板的构造必须具备以下条件：

第一，尺寸准确，构造简单，便于制作、安装和拆卸。

第二，具有足够的强度和刚度，能够承受混凝土的重量和侧压力，以及在施工过程中可能出现的荷载和振动作用。

第三，结构紧密不漏浆，靠结构外露表面的模板应平整、光滑。

第四，模板的结构还要便于钢筋的布置和混凝土灌注，必要时应在适当位置安设活动挡板或窗口，因此对于重要结构的模板均应进行模板设计。

第五，支撑模板的支柱和其他构件，也应便于安装和拆卸，并能多次重复使用。

（二）墩台施工模板的类型

桥梁墩台的模板类型有固定式模板、拼装式模板、组合钢模板、整体吊装模板及滑升模板等。

1.固定式模板

固定式模板也称零拼模板，它是采用预先在木工厂制备好的模板构件，到工地就地安装而成的。

固定式模板由紧贴混凝土的面板（壳板）、支承面板的肋木、立柱、拉条（或钢箍）、铁件等组成。固定式模板安装时，先拼骨架，后钉壳板，具体做法是先将立柱安装在承台顶部的枕梁（底肋木）上，肋木固定在立柱上，在立柱两端用钢拉条拉紧并加强联结（可临时加横撑和斜撑），形成骨架。若桥墩较高，则应加设斜撑、横撑和抗风拉索等。

固定式模板骨架拼成后，即可将面板钉在肋木上。为防止面板翘曲，每块面板宽度最好不超过 200 mm，厚度为 30～50 mm。在桥墩曲面处，应根据曲度采用较窄木板，圆锥形模板的面板则应做成梯形。与混凝土接触的面板，一般应刨光，拼缝应严密不漏浆。以前常用油灰、木条等嵌塞缝隙，或用搭口缝、企口缝等，现在则多在模板表面铺塑料薄膜、钉胶合板或薄铁皮等。

肋木与面板垂直，其作用是把面板连成整体一并承受面板传来的荷载。肋木可为方木或两面削平的圆木。曲面面板的肋木做成弧形，它由 2～3 层交错重叠的弧形板用钉或螺栓连接而成。弧形肋木应根据准确的样板或在样台上按 1:1 放线加工制作，形状复杂的更宜先制成模型套制。

拉杆采用直径为 2～20 mm 的钢筋制成。在混凝土外露的表面，宜使用可拆卸的连接螺栓紧固拉杆，拆模后将表面上的孔穴用砂浆填实。

弧形肋木与水平肋木间除用铁钉或螺栓连接外，还应加设立柱和拉条。圆形桥墩可在立柱外侧安装钢箍，以保证模板的形状和尺寸正确，钢箍常用直径为 2～22 mm 的钢筋制成。

固定式模板每平方米约用木料 0.05～0.10 m^3，铁钉、拉条等铁件重 4～10 kg。这种模板使用一次后，即被拆散或改制，只有一部分能够重复使用，很不经济，故仅适用于个体工程，如墩台基础、拱座、帽石、翼墙及涵洞等。

2. 拼装式模板

拼装式模板又称盾状模板，它是将墩台表面划分成若干尺寸相同的板块，按板块尺寸预先将模板制成板扇，然后用板扇拼成所要求的模板。拼装式模板适合在高大桥墩或同类型墩台较多时使用，其特点是当混凝土达到拆模强度后，可整块拆下，直接或略加修整后重复周转使用。

拼装式模板在划分板块时，应尽量使板扇尺寸相同，以减少板扇类型。板扇高度可与墩台分节灌注的高度相同，约 3~6 m，宽为 1~2 m，可依墩台尺寸与起吊条件而定，务必使立模方便、施工安全。单块板扇可用木材、钢材或钢木结合加工制作。木质板扇加工制作简便，制作方法基本与固定式模板相同。

钢模板是用钢材加工制作的，需用 3~4 mm 厚钢板及型钢骨架，成本较高，加工制作困难，多在组合钢模板、滑升模板等类模板中采用。

3.组合钢模板

组合钢模板是桥梁施工中常用的模板之一，由面板及支承面板的加劲肋组成，在四周的加劲肋上设有连接螺栓孔，以便板的连接。

组合钢模板具有强度高、刚度大、拆装方便、通用性强、周转次数多、能大量节约材料等优点。在实际使用中，组合钢模板可预拼成大的板块后安装使用，这样可提高安装模板的速度。

4.整体吊装模板

整体吊装模板是将墩台模板水平分成若干节，每一节的模板预先组装成一个整体，在地面拼装后吊装就位。节段高度可视墩台尺寸、模板数量、起吊能力及灌注混凝土的能力而定，一般为 3~5 m。使用这种模板可大大缩短工期，灌注完下节混凝土后，即可将已拼装好的上节模板整体吊装就位，继续灌注而不留工作缝。模板安装完后在灌注第一层混凝土时，应在墩台身内预埋支承螺栓，以支承第二层模板和安装脚手架。

整体吊装模板的优点还有：模板拼装可在地面进行，有利于施工安全；利用模板外框架作简易脚手，不需另搭施工脚手架；模板刚性大，可少设或不设拉条；结构简单、装拆方便。整体吊装模板的缺点是起吊重量较大。

5.滑升模板

滑升模板是模板工程中适宜于机械化施工的较为先进的一种形式。它是利用一套滑动提升装置，将已在桥墩承台位置处安装好的整体模板连同工作平台、脚手架等，随着混凝土的灌注，沿着已灌注好的墩身慢慢向上提升，这样就可连续不断地灌注混凝土直至墩顶。用滑升模板施工，速度快，结构整体性好，适用于竖立式而断面变化较小的高耸结构，如高桥墩、斜拉桥及悬索桥的桥塔等。滑升模板多用钢材制作，其构造依据桥墩类型、提升工具的不同而稍有不同，但其主要组成部分和作用则大致相同，一般由以下三部分组成：①模板系统，包括模板、围圈、提升架以及加固、连接配件等。对于墩身尺寸变化的情况，内外模的周长都在变化，内外模均有固定模板和活动模板两种。滑模收坡主要靠转动收坡丝杆移动模板。②提升系统，包括支承顶杆（爬杆）、提升千斤顶、提升操纵及测量控制装置等。③操作平台系统，包括工作平台及内外吊篮等。

在工程上应用各类模板时，可根据墩台高度、墩台形式、机具设备、施工期限等因地制宜，合理选用。

二、桥梁墩台具体施工

（一）高桥墩施工

桥梁通过深沟宽谷或大型水库时采用高桥墩，能使桥梁更为经济合理，不仅可以缩短线路，节省造价，而且可以提高营运效益，减少日常维护工作。高桥墩可分为实体墩、空心墩与刚架墩。20 世纪 70 年代以来，较高的桥墩一般均采用空心墩。

高桥墩的特点是墩高、圬工数量多而工作面积小，施工条件差，因此需要有独特的高墩施工工艺。

高桥墩的施工设备与一般桥墩虽大体相同，但其模板却另有特色，一般有滑升模板、爬升模板、翻升模板等几种。这些模板都依附于已灌注的混凝土墩壁上，随着墩身的逐步加高而向上升高。

1.滑升模板施工

滑升模板施工的主要优点是施工进度快，在一般气温下，每昼夜平均进度可达 5~6 m；混凝土质量好，采用干硬性混凝土，机械振捣，连续作业，可提高墩台质量，节约木材和劳力，有资料统计表明，可节省劳动力 30%，节约木材 70%；滑升模板可用于直坡墩身，也可用于斜坡墩身，模板本身附带有内外吊篮、平台与拉杆等，以墩身为支架，墩身混凝土的浇灌随模板缓缓滑升，连续不断地进行，故而安全可靠。

（1）滑升模板构造

模板挂在工作平台的围圈上，沿着所施工的混凝土结构截面的周边组拼装配，并随着混凝土的灌注由千斤顶带动向上滑升。由于桥墩和提升工具的类型不同，滑升模板构造也稍有差异，但其主要部件与功能大致相同，一般可分为顶架、辐射梁、内外围圈、内外支架、模板、工作平台及吊篮等。

①顶架

顶架的作用是将模板重量及施工临时荷载传递到千斤顶上，并用以固定内外模板。顶架由上下横梁及立柱组成，轮廓尺寸应由墩壁厚度、坡度、提升千斤顶类型等因素决定。千斤顶一般多固定在下横梁上。带有坡度的桥墩，顶架应设计成能在辐射梁上滑动的结构。

②辐射梁与内外围圈

辐射梁为滑动模板的平面骨架，从滑模中心向四周辐射，与顶架或支架组合起来承受荷载，又作为施工操作平台。内外围圈用来固定辐射梁两端的相对位置。

③内外支架

支架一般固定在辐射梁上，用调模螺栓来移动模板，模板上端则吊在辐射梁上移动，也可设计能在辐射梁上用调径螺栓来移动的支架。

④模板

滑动模板用 2~3 mm 钢板制作，高度一般为 1.1~1.5 m。每块内模宽约 0.5 m，外模宽约 0.6 m，以适应不同尺寸的桥墩。收坡桥墩模板分固定模板与活动模板，活动模板又有边板与心板之分。固定模板应安装在顶架立柱或内外支架上，而活动模板则依靠上下横带悬挂在左右固定模板的横带上，随着固定模板的滑升而往上移动。

⑤工作平台及吊篮

工作平台是供施工人员操作、存放小工具用，即在辐射梁上安设的钢制或木制盖板。吊篮设在顶架或支架下面，供修补混凝土表面及养护等，宽度约为 0.6～0.8 m。

（2）滑升模板提升设备

滑动模板提升设备主要有提升千斤顶、液压控制装置及支承顶杆几部分。提升千斤顶常用的有螺丝杆千斤顶和液压千斤顶。液压控制装置是用来控制液压千斤顶提升和回油的机械，分为液压系统及电控系统两大部分。支承顶杆一端埋置于墩台结构的混凝土中，一端穿过千斤顶心孔，承受滑模及施工过程中平台上的全部荷载。

（3）混凝土的垂直运输

采用滑模施工的高桥墩，可以利用滑模本身携带的扒杆提升混凝土。混凝土的垂直运输通常采用井架提升混凝土，或者以井架为杆，另安装扒杆来吊送混凝土。

（4）滑升模板的设计要点

滑升模板整体结构是混凝土成型的装置，也是施工操作的主要场地，必须具有足够的整体刚度、稳定性和合理的安全度。为了保证施工质量与安全，滑升模板各组成部件必须按强度和刚度要求进行设计与验算。

模板设计荷载及模板结构设计与普通模板的设计思路相同。根据滑升模板提升时全部静荷载和垂直活荷载，通过计算确定支承顶杆和千斤顶的数量。在提升过程中，支承顶杆实际受力情况比较复杂，其容许承载能力应根据工程实践经验选用。上述计算确定的支承杆数量，还应根据结构物的平面和局部构造加以适当的调整。

支承顶杆和千斤顶的布置方案一般有均匀布置、分组集中布置，以及分组集中与均匀布置相结合等几种。在筒壁结构中多采用均匀布置方案，在平面较为复杂的结构中宜采用分组集中与均匀布置相结合的方案。在布置千斤顶时，应使各千斤顶所承受的荷载大致相同,以利于同步提升。当平台上荷载分布不均匀时,荷载较大的区域和摩阻力较大的区段,千斤顶布置的数量要多些。考虑到平台荷载内重外轻,在数量上内侧应较外侧布置多些,以避免顶升架提升时向内倾斜。

(5) 滑模灌注混凝土施工要点

① 滑模组装。

在墩位上就地进行组装时,安装步骤为:a. 在基础顶面搭枕木垛,定出桥墩中心线;b. 在枕木垛上先安装内钢环,并准确定位,再依次安装辐射梁、外钢环、立柱、顶杆、千斤顶、模板等;c. 提升整个装置,撤去枕木垛,再将模板落下就位,随后安装余下的设施;d. 内外吊架模板滑升至一定高度后,及时安装;e. 组装完毕后,必须按设计要求及组装质量标准进行全面检查,并及时纠正偏差。

② 灌注混凝土。

滑模宜灌注低流动度或半干硬性混凝土,灌注时应分层、分段、对称地进行。分层厚度以 20~30 cm 为宜,灌注后混凝土表面距模板上缘宜有不小于 10~15 cm 的距离。脱模后 8 h 左右开始养护,用吊在下吊架上的环绕墩身的带小孔的水管来进行。养护水管一般设在距模板下缘 1.8~2.0 m 处效果较好。

③ 提升与收坡。

整个桥墩灌注过程可分为初次滑升、正常滑升和最后滑升三个阶段。从开始灌注混凝土到模板首次试升为初次滑升阶段,初灌混凝土的高度一般为 60~70 cm,分三次灌注,在底层混凝土强度达到 0.2~0.4 MPa 时即可试升。将所有千斤顶同时缓慢起升 5 cm,以观察底层混凝土的凝固情况。现场鉴定可用手指按刚脱模的混凝土表面,基本按不动,但留有指痕,砂浆不沾手,用指甲划过有痕,滑升时能听到"沙沙"的摩擦声,这些现象表明混凝土已具有必要的脱模强度,可以开始再缓慢提升 20 cm 左右。初升后,经全面检查设备,即可进入正常滑升阶段。即每灌注一层混凝土,滑模提升一次,使每次灌注的厚度与每次提升的高度基本一致。在正常气温条件下,提升时间不宜超过 1 h。最后滑升阶段是混凝土已经灌注到需要高度，不再继续灌注，但模板尚需继续滑升的阶段。灌完最后一层混凝土后，每隔 1～2 h 将模板提升 5～10 cm，滑动 2～3 次后即可避免混凝土与模板黏合。滑模提升时应做到垂直、均衡一致，顶架间高差不大于 20 mm，顶架横梁水平高差不大于 5 mm。

随着模板提升，应转动收坡丝杆，调整墩壁曲面的半径使之达到符合设计要求的收坡坡度。

④接长顶杆、绑扎钢筋。

模板每提升至一定高度，就需要穿插进行接长顶杆、绑扎钢筋等工作。为了不影响提升的时间，钢筋接头均应事先配好，并注意将接头错开。对预埋件及预埋的接头钢筋，滑模抽离后，要及时清理，不使之外露。

⑤混凝土停工后的处理。

在整个施工过程中，若工序的改变或意外事故的发生，使混凝土的灌注工作停止较长时间，即需要进行停工处理。例如，每隔半小时左右稍微提升模板一次，以免黏结；停工时在混凝土表面要插入短钢筋等，以加强新老混凝土的黏结性能。

2. 翻升模板施工

翻升模板施工的特点是一般配置多节模板（两节或三节）组成一个基本单元，每节为 1.5～3 m。当浇筑完上节模板的混凝土后，将最下节模板拆除翻上来，拼装成即将浇筑部分混凝土的模板，以此类推，循环施工。翻升模板施工根据模板翻升的工艺的不同又可分为滑升翻模、提升翻模等。

（1）滑升翻模

滑升翻模近年来在一些高桥墩和斜拉桥、悬索桥的索塔施工中使用较多。此种模板保留了滑升模板和大模板施工的优点，又克服了滑模的不足，主要用于不变坡的方形高墩和索塔。

滑升翻模是在塔柱的一个大面模板的背面上设置竖向轨道，作为竖向桁架的爬升轨道。竖向桁架滑升带动水平桁架摇头扒杆及作业平台整体上升。桁架由万能杆件组拼，竖向桁架作为起重扒杆的中心立柱，与摇头扒杆共同受力。

一个配三节模板的滑升翻模的施工程序如下：

①灌注完两节混凝土并安装桁架及起重设备。

②用起重设备安装第三节模板并灌注混凝土。

③混凝土强度达到 10~15 MPa 后，安装提升桁架设备，并将桁架及起重设备滑升 1 层高度（2.5 m）。

④把竖向桁架固定在第二节、第三节模板背面的竖向轨道上，锁定后即可拆除第一节模板。

⑤用扒杆起吊安装第四节模板。

至此，便完成了一个滑升翻模的施工循环。

滑升翻模兼有滑升模板施工与普通模板施工的优点，既像滑升模板那样有提升平台和模板提升系统，又像普通模板那样分节分段进行安装定位，可根据模板的安装能力确定模板的分块尺寸。

（2）提升翻模

出于支承滑升架的需要，滑升翻模更适合采用大板式模板，所以主要用于不变坡的方形塔柱施工，对于变坡的或者弧形截面的塔墩，使用提升翻模可能更为方便。

提升翻模的特点是模板没有滑升架，模板也可由大板改成小块模板，以适应墩身变坡和随着墩高变化而引起的直径曲率变化。模板和物料的提升依靠其他起重运输机械协同工作。

（二）石砌墩台施工

石砌墩台具有就地取材和经久耐用等优点，在石料丰富地区建造墩台时，在施工期限许可的条件下，为节约水泥，应优先考虑石砌墩台方案。

1.石料及砂浆

石砌墩台是用片石、块石及粗料石以水泥砂浆砌筑的，石料与砂浆的规格要符合相关规定。浆砌片石一般适用于高度小于 20 m 的墩台身、基础、镶面以及各式墩台身填腹；浆砌块石一般用于高度在 20 m 以上的墩台身、镶面或应力要求大于浆砌片石砌体强度的墩台；浆砌粗料石则用于磨耗及冲击严重的分水体及破冰体的镶面工程以及有整齐美观要求的桥墩台身等。

石料应质地坚硬，不易风化，无裂纹。石料表面的污渍应予清除。石料按加工程度分为片石、块石、粗料石、细料石。

砌体工程所用砂浆的强度等级应符合设计要求，当设计未提出要求时，主体工程不得小于 M10，一般工程不得小于 M5。

将石料吊运并安砌到正确位置是砌石工程中比较困难的工序。当重量小或距地面不高时，可用简单的马凳跳板直接运送；当重量较大或距地面较高时，可采用固定式动臂吊机、桅杆式吊机或井式吊机，将材料运到墩台上，然后再分运到安砌地点。

2. 墩台砌筑施工要点

在砌筑前应按设计图放出实样，挂线砌筑。形状比较复杂的工程，应先作出配料设计图，注明块石尺寸；形状比较简单的，也要根据砌体高度、尺寸、错缝等，先行放样配好料石再砌。

砌筑基础的第一层砌块时，如果基底为土质，则只在已砌石块的侧面铺上砂浆即可，不需坐浆；如果基底为石质，则应将其表面清洗、润湿后，先坐浆再砌石。

砌筑斜面墩台时，斜面应逐层放坡，以保证规定的坡度。

石料类型不同，形式结构不同，相应的砌筑方法也略有不同，实际施工应按相关的规范进行。现简要介绍部分要点：

①砌块间用砂浆黏结并保持一定的缝厚，所有砌缝要求砂浆饱满。

②同一层石料及水平灰缝的厚度要均匀一致，每层按水平砌筑，丁顺相间，砌石灰缝互相垂直。砌石顺序为先角石，再镶面，后填放腹石。填腹石的分层高度应与镶面相同。

③圆端、尖端及转角形砌体的砌石顺序，应自顶点开始，按丁顺排列接砌镶面石。

④砌缝宽度、错缝距离要符合规定，勾缝坚固、整齐，深度和型式要符合要求。

⑤砌体位置、尺寸不得超过允许偏差。

第三节　简支梁桥施工

简支梁桥属于静定结构，其各跨独立受力。由于其受力简单，混凝土收缩徐变、温度变化、地基沉降等均不会在梁中产生附加内力，且设计计算简单、施工方便、工期短、造价低，因此成为在梁式体系桥中应用较早、使用较为广泛的一种桥型。桥梁工程中广泛采用的简支梁桥有三种类型：

①简支板桥。简支板桥主要用于小跨度桥梁。按其施工方式的不同，分为整体式简支板桥和装配式简支板桥。

②简支T梁桥。简支T梁桥主要用于中等跨度的桥梁。中小跨径为8～12 m时，采用钢筋混凝土简支T梁桥；跨径为20～50 m时，多采用预应力混凝土简支T梁桥。

③箱形简支梁桥。箱形简支梁桥主要用于预应力混凝土梁桥，尤其适用于桥面较宽的预应力混凝土桥梁结构和跨度较大的斜交桥和弯桥。

简支梁桥的常用施工方法有：

①现场支架浇筑法。就地浇筑施工是在桥位处搭设支架，作为工作平台，在支架上安装模板、绑扎及安装钢筋骨架、预留孔道，并在现场浇筑混凝土与施加预应力，待混凝土达到强度后拆除模板、支架的施工方法。由于施工需用大量的模板支架，这种方法适用于小跨径桥或两岸桥墩不太高的引桥和城市高架桥。随着桥梁结构形式的发展，出现了一些变宽的异型桥跨、弯桥等复杂的混凝土结构。目前，就地浇筑施工在简支梁中已经较少采用。

②预制安装法。预制装配施工是将在预制厂或桥梁现场预制的梁运至桥位处,使用一定的起重设备进行安装和完成横向联结组成桥梁的施工方法。目前,预制安装法是简支架经常采用的一种施工方法,预制梁的安装主要有联合架桥机法、双导梁安装法、扒杆吊装法、跨墩龙门吊机安装法、自行式吊车安装法、浮吊架设法等。

一、钢筋混凝土简支梁桥施工

钢筋混凝土简支梁桥的制作主要包含支架工程、模板工程、钢筋工程、混凝土工程。

(一) 支架工程

就地浇筑法钢筋混凝土简支梁桥上部结构施工首先应在桥址适当位置处搭设支架,以支撑模板、钢筋、混凝土自重以及其他施工荷载。在进行装配式钢筋混凝土简支架桥施工时,也需搭设支架作为吊装过程中的临时支承结构和施工操作平台。支架不仅直接影响着梁体的线形尺寸,还关系到具体施工的安全性,因此现浇支架工程应满足下列要求:

①支架应具有足够的强度、刚度和稳定性,能可靠地承受施工过程中产生的各种荷载。

②支架应进行设计和计算,并经审批后方可施工。

③通过对支架的预压消除非弹性变形,支架的弹性变形及基础允许下的沉量应满足施工后梁体设计标高的要求。支架承受荷载后允许有挠度和变形,在安装前要进行计算,按要求设置预拱度,使梁体最终线形符合设计要求。

④整体浇筑时应采取措施,防止梁体不均匀下沉产生裂缝,若地基下沉可能造成梁体混凝土产生裂缝,应分段浇筑。

⑤当在软弱地基上设置满布现浇支架时,应对地基进行处理,使地基的承

载力满足现浇混凝土的施工荷载要求,浇筑混凝土时地基的沉降量不宜大于 5 mm。无法确定地基承载力时,应对地基进行预压,并进行部分荷载试验。

⑥支架上应设置落架装置,落架时要对称均匀,不应使梁体局部受力。

⑦支架构造与制作应简便、拆装方便,以增加周转和使用次数。

⑧高度超过 8 m 的支架,应对其稳定性进行安全论证,确认无误后方可施工。

（二）模板工程

模板是混凝土浇筑施工的必备条件,其作用是保证混凝土按照设计要求的形状、尺寸和位置硬化,是施工中的重要临时结构。模板主要由面板、纵横肋和支架组成,它承受着新浇筑混凝土的自重、施工荷载以及其他外部自然荷载等。模板不仅控制着梁体尺寸的精度和混凝土浇筑质量,而且对施工安全起到关键作用。因此,模板在设计安装时应遵循以下原则:

①模板应有足够的强度、刚度和稳定性,能安全可靠地承受施工中可能产生的各种荷载。

②模板要保证工程结构和构件各部分形状、尺寸及相互位置的准确。

③模板板面之间应平整,接缝严密,不漏浆,确保结构物外表面美观、线条流畅,并可设倒角。

④模板应结构简单,制作、拆卸方便。

梁桥施工中常用的模板按材料可分为木模板、钢模板、钢木结合模板等。当就地施工单跨或多跨结构形式、尺寸各不相同的桥跨结构时,可采用木模板;在预制工厂或大型桥梁施工中需要多次重复使用的节段模板时,多采用钢模板;从经济和节约材料方面考虑,一般可采用钢木结合模板。

（三）钢筋工程

钢筋混凝土用钢筋是指钢筋混凝土配筋时用的直条或盘条状钢材,其外形分为光圆钢筋和变形钢筋两种，其在混凝土中主要承受拉应力。钢筋工程主要包括钢筋加工、钢筋下料和钢筋安装等。

钢筋进场后应检查其出厂试验证明书，如无相关证明文件或对钢筋质量有疑问，应做拉力试验、冷弯试验和可焊性试验。进场后要妥善保管，根据品种分批存放，同一片梁体内的主筋必须是同钢号钢筋。钢筋加工包括调直、除锈、冷拉、时效、下料、切断、弯钩、焊接或绑扎成型等工序。

在混凝土梁的制作过程中，一般需要把梁的钢筋制成钢筋骨架，钢筋骨架的连接方式主要有焊接和绑扎。

钢筋骨架应尽量采用焊接，以保证质量、提高效率和节约钢材。先在牢固的工作台上焊接成单片平面骨架，再将平面骨架焊接成立体骨架，使骨架有足够的刚度，以便于吊运。钢筋应采用双面焊接，使骨架变形尽可能均匀对称，采用单面焊时，应在垂直骨架平面方向预留预拱度。

轴心受拉及小偏心受拉杆件中的钢筋接头或者普通混凝土中直径大于 25 mm 的钢筋不宜采用绑扎形式；绑扎接头应设置在内力较小处，并错开布置，接头截面面积占钢筋总截面面积的百分率要符合相应要求。

（四）混凝土工程

混凝土工程质量直接影响到结构的承载力、耐久性与整体性，混凝土工程主要包括混凝土拌和、运输、浇筑和养护等，各工序间紧密联系、相互影响，任一施工过程处理不当都会影响混凝土工程的最终质量。

1.混凝土拌和

混凝土拌和就是将水泥、水、粗细骨料和外加剂等原材料混合在一起进行均匀拌和。

混凝土应使用机械拌和。在混凝土拌和前应先测定砂石料的含水率，调整配合比，计算配料单，检查搅拌机运转情况。混凝土拌和时间一般为 3 min 左右，以石子表面包满砂浆，拌和颜色均匀为标准。在整个拌和过程中，应注意拌和速度与混凝土浇捣速度紧密配合，随时检查混凝土的坍落度，严格控制水灰比。

2.混凝土运输

混凝土从搅拌机中卸出后，应及时运至浇筑地点，为保证混凝土的质量，对混凝土运输的基本要求是：

①在运输过程中应保持混凝土的均匀性，避免分层离析、泌水、砂浆流失和坍落度变化等现象发生。

②应使混凝土在初凝之前浇筑完毕。混凝土从搅拌机卸出后到浇筑完毕的延续时间不宜超过规定范围。

③当混凝土自由倾倒时，由于骨料的重力克服了物料间的黏结力，大颗粒骨料明显集中于一侧或底部四周，从而与砂浆分离即出现离析现象，当自由倾倒高度超过 2 m 时，这种现象尤其明显，混凝土将严重离析。为保证混凝土的质量，应根据施工实际情况，采取相应措施。规范规定：混凝土自高处倾落的自由高度不应超过 2 m，超过时应使用串筒、溜槽或振动溜管等工具协助下落，并应保证混凝土出口的下落方向垂直。

④道路尽可能平坦且运距尽可能短。

3.混凝土浇筑

混凝土的浇筑成型过程包括浇筑与捣实，是混凝土施工的关键步骤，它对混凝土的密实性、结构的整体性和构件的尺寸准确性都起着决定性作用。

在考虑混凝土的浇筑顺序时，不应使模板和支架产生有害的下沉。为使混凝土能够振捣密实，浇筑施工应分层进行，在下层混凝土初凝之前，上层混凝土应浇筑振捣完毕，混凝土浇筑层的厚度应符合相关的规定。对于又高又长的梁体，当混凝土的供应量跟不上水平分层浇筑的进度时，可采用斜层浇筑。当在斜面或曲面上浇筑混凝土时，一般应从低处开始。

混凝土浇筑入模后，内部还存在着很多空隙。为了使混凝土充满模板内的每一部分，且具有足够的密实度，必须对混凝土进行捣实，使混凝土构件外形正确、表面平整、强度和其他性能符合设计及使用要求。

机械振捣设备有插入式、附着式、平板式振捣器。振捣时应严格掌握时间,平板式振捣器一般为25~40 s。

4.混凝土养护

混凝土养护的目的是保证混凝土充分硬化,防止因早期过度收缩而使结构表面产生裂缝。混凝土的养护分为自然养护和蒸汽养护。

塑性混凝土自然养护应在浇筑后12 h内进行,硬性混凝土在浇筑后1~2 h内可采用湿麻袋、篷布、塑料布等覆盖,养护期间要经常洒水,保持构件湿润,并防止雨淋、日晒、受冻及受荷载的振动、冲击,以使混凝土硬化。自然养护的时间不得少于7 d。

混凝土蒸汽养护,分为静停、升温、恒温、降温四个阶段。静停期间应保持棚温不低于5℃,灌注完4 h后方可升温;升温速度不得大于10℃/h;恒温养护期间蒸汽温度不宜超过45℃,相对湿度90%~100%,混凝土芯部温度不宜超过60℃,最高不得超过65℃;降温速度不得大于10℃/h。拆模时,梁体混凝土芯部与表层、表层与环境温差均不宜大于15℃。

日平均气温连续5 d低于+5℃或日最低气温低于-3℃时,应按冬季施工要求进行养护。

二、预应力混凝土简支梁施工

普通钢筋混凝土抗拉强度低,在混凝土温度变化、收缩徐变及外荷载等作用下易发生开裂,故通过对梁体施加预应力来提高其耐久性和抗裂性,以减轻自重,增加跨度。预应力混凝土简支梁的制作方法主要有先张法和后张法。

(一)先张法预应力混凝土简支梁施工

预应力混凝土简支梁先张法施工是在浇筑混凝土前张拉预应力筋,将其临时锚固在张拉台座上,然后立模浇筑混凝土,待混凝土强度达到设计强度的

75%以上时，逐渐将预应力筋放松，让预应力筋回缩，通过预应力筋与混凝土之间的黏结作用，使混凝土获得预压应力。

1.模板架设

预制梁的模板是先张法施工过程的临时结构，它决定着预制梁尺寸的精度，并对工程质量、施工进度和工程造价有直接影响。预制梁的模板按材料进行划分，可分为土模板、木模板、土木组合模板、钢模板和钢木组合模板等。模板在制作时，应保证表面平整、转角光滑、连接孔配合准确，且底模板应根据桥梁跨度设置预拱度。

2.张拉台座

台座是先张法施工的主要设备之一，承受预应力筋的全部张拉力，它应有足够的强度和稳定性，以免台座变形、倾覆、滑移而引起预应力损失。台座由框架（由两根固定横梁和两根受压柱构成）和活动横梁组成，固定横梁和活动横梁间设置千斤顶，预应力筋两端用工具锚固在活动横梁的锚固板上，千斤顶顶起活动横梁使预应力筋受张拉，张拉力由承力架承受。台座可分为墩式台座和槽式台座两类。

3.预应力筋张拉

预应力混凝土预制梁制造过程中，张拉预应力筋、对梁施加预应力都十分关键，施加预应力过大或不足都会影响梁的预制质量，必须按设计要求准确施加预应力。

先张法梁的预应力筋是在底模整理后，在台座上张拉已加工好的预应力筋。先张法梁通常采用一端张拉，另一端在张拉前要设置好固定装置或安放好预应力筋的放松装置。张拉前，应先在端模梁上安装预应力筋的定位钢板，检查其孔位和孔径符合设计要求后在台座安装预应力筋。安装张拉设备时，应使张拉力的作用线与钢筋中心线一致。张拉时应采用应力与伸长值双控制，若发现伸长值异常，应停止张拉并查明原因。

钢筋在超张拉时，其张拉值不得大于钢筋的屈服强度，或钢丝、钢纹线抗拉强度的75%，并进行"双控"（应力和伸长量控制）。为保证施工安全，应在超张拉后将控制应力放松至85%,然后进行安装预埋件、模板和钢筋等工作。

4.预应力混凝土配料与浇筑

混凝土工程质量是保证混凝土达到设计强度等级的关键,将直接影响钢筋混凝土结构的强度和耐久性。混凝土工程采用集中拌制、搅拌运输车运输,混凝土梁浇筑采用连续浇筑、一次成型。混凝土振捣采用附着式振动和高频插入式振动器相配合的方法。

5.预应力筋放松

当混凝土强度达到不低于设计强度的75%以后,可在合座上放松受拉预应力筋,对预制梁施加预应力。放松过早会造成较多的预应力损失(主要是收缩、徐变损失);放松过迟则影响台座和模板的周转。放松操作时速度不应过快,尽量使构件受力对称均匀。只有待预应力筋被放松后,才能切割每个构件端部的钢筋。实际工程中使用较多的放松预应力筋的方法有:千斤顶放松、砂箱放松、滑楔放松和螺杆放松等。

(二)后张法预应力混凝土简支梁施工

预应力混凝土简支梁后张法施工是先浇筑构件的混凝土,待养护结硬达到一定硬度后,再在构件上用张拉机具张拉预应力筋。

后张法施工分为有黏结工艺和无黏结工艺两大类。其中,黏结工艺又可分为先穿束法和后穿束法。先穿束法是将预应力钢束先穿入管道,预埋在后浇筑的混凝土中。其优点是不会产生堵管的现象,可避免某些情况下后期穿束的场地条件的限制;缺点是应在规定的时间内张拉完毕,否则会引起预应力钢束的锈蚀,且不能使用蒸汽养护。后穿束法则是将管道预埋在后浇筑的混凝土中,当混凝土达到张拉强度时,穿束并完成张拉。其优点是张拉预应力的时间、地点较为机动灵活,能使用蒸汽养护;缺点是有时会产生堵管的现象。

后张法主要工序为:在构件中预留预应力筋孔道,浇注混凝土构件;养护混凝土至规定强度后将预应力筋穿入孔道,利用张拉工具张拉预应力至控制应力,在张拉端用锚具将预应力筋锚固在构件两端;在孔道内灌注水泥浆并封锚。

后张法工序比先张法复杂,且构件上耗用的锚具和埋设件等增加用钢量和制作成本。但后张法不需要强大的张拉台座,便于现场施工,因此在桥梁工程上也有着广泛的应用。

1.预留孔道

预留孔道是后张法梁体施工中的一个重要工序。预留孔道的尺寸与位置应正确,孔道应平顺。端部的预埋垫板应垂直于孔道中心线并用螺栓或钉子固定在模板上,以防止浇注混凝土时发生移动。

在梁体内预留预应力筋孔道所用的制孔器目前主要有橡胶管与螺旋金属波纹管,橡胶管在终凝后抽出,波纹管留在构件中。

抽拔橡胶管制孔器也按设计位置固定在钢筋骨架中,待混凝土抗压强度达到 4~8 MPa 时(即混凝土初凝之后,终凝之前),再将橡胶管抽拔出以形成孔道。这种制孔器可重复使用,比较经济,管道内压注的水泥浆与构件混凝土结合较好,但缺点是不易形成多向弯曲、形状复杂的管道,且需要控制好抽拔时间。

2.张拉机具使用前的校检

目前,对预应力施工机具进行校检的方法有应力环校检、压力机校检及电测传感器校检等方法,其中,应力环校检方便灵活,不受设备条件的限制,而压力机法的优点是千斤顶能够测出真实的伸长量,结果较为准确。

3.预应力筋的张拉工艺

当梁体混凝土的强度达到设计强度的 75%以上时,才可进行穿束张拉。穿筋工作一般采取直接穿筋,较长的钢筋可借助长钢丝作为引线,用卷扬机进行穿筋。

曲线预应力筋和长度大于 25 m 的直线预应力筋,应采用两端对称张拉。长度等于或小于 25 m 的直线预应力筋,可在一端张拉。预应力筋的张拉应符合设计要求,当设计无要求时,可分批分阶段对称张拉。分批张拉时,应按顺序对称地进行,以防偏心压力过大而导致梁体出现较明显的侧弯现象,同时应考虑后张拉的预应力筋给先张拉的预应力筋带来的预应力损失。后张法预应力筋的张拉应分级进行。

4.孔道压浆

孔道压浆能保护预应力筋不受锈蚀，并使预应力筋与混凝土梁体黏结成整体，从而既能减轻锚具的受力，又能提高梁的承载能力、抗裂性能和耐久性能。孔道压浆用专门的压浆泵进行，压浆后的浆体要求密实饱满，并应在张拉后24 h 内完成。

孔道压浆应采用强度等级不低于 42.5 级普通硅酸盐水泥或矿渣硅酸盐水泥配置的水泥浆；对于空隙大的孔道，可采用砂浆压浆。为了增加孔道压浆的密实性，可在水泥浆中掺加外加剂，但掺入量不得使混凝土自由膨胀率超过10%，且不得掺入铝粉、氯化物或其他对预应力筋有腐蚀作用的外加剂。

压浆前，应用压力水冲洗孔道，确保孔道通畅，并吹去内积水。压浆顺序为先下孔道后上孔道，以免上孔道漏浆把下孔道堵塞。直线孔道压浆时，应从构件的一端压到另一端；曲线孔道压浆时，应从孔道最低处开始向两端进行。

5.封端

孔道压浆后应立即将梁端水泥浆冲洗干净，并将断面混凝土凿毛。对于端部钢筋网的绑扎和封墙板的安装，要妥善处理并确保固定，以免在浇注混凝土时因模板移动而影响梁长。封端混凝土的强度等级应不低于梁体混凝土强度等级的 80%。浇完混凝土并静置 1～2 h 后，应按一般规定进行浇水养护。

三、简支架架设施工

预制装配施工是将在预制厂或桥梁现场预制的梁运至桥位处，使用一定的起重设备进行安装和完成横向联结组成桥梁的施工方法。目前，预制安装法是简支梁经常采用的一种施工方法。预制梁的安装方法主要有架桥机法、跨墩龙门式吊车架梁法、自行式吊车架梁法、浮吊架设法和高低腿龙门架配合架桥机架设法等。

（一）梁的起吊和运输

由于梁体长、笨重，起吊、运输都比较困难，因此要合理选择起吊、运输的工具和方法，以确保安全。梁体起吊时，混凝土的强度应符合设计规定。压浆强度不得低于设计强度的75%，封端混凝土强度不得低于设计强度的50%；吊点、支点位置应经计算确定，其距离误差不得大于规定的200 mm；起吊、运输或存放等都要有防止倾覆的措施。在桥梁施工架梁前常需先卸后架，应有一处存梁场地，场地位置要慎重选择，一般可在车站、区间或桥头存放，也可在施工线路上选择适当地点存放。存梁场应有良好的排水系统和设施，宜优先采用大跨度吊梁龙门架装卸桥梁。采用滑道移梁时，滑道应有一定的强度和刚度，并满足移梁作业的需要。

（二）架设方法

1. 架桥机法

架桥机可分为单导梁式、双导梁式、斜拉式、悬吊式和宽穿巷式等类型。下面以宽穿巷式架桥机为例介绍架桥机法的施工工艺。

①一孔架设完成后，前后横梁移至尾部作平衡重，架桥机整体前移。

②架桥机整体向前移动一孔位置，将支腿支承在墩顶上，待架梁装载在运梁平车上向前移动。

③待架梁前端接近吊装孔时，前横梁吊机将其吊起，梁的后端仍放在运梁平车上，继续前移。

④后横梁吊机吊起梁的后端，缓慢前移，纵向对准梁位后，固定前后横梁，吊机沿横梁横移，落梁就位。

2. 跨墩龙门吊车架梁法

跨墩龙门吊车安装适用于桥不太高、架梁孔数多以及沿桥墩两侧铺设轨道不困难的情况。一台或两台跨墩龙门吊车分别设于待安装孔的前、后墩位置，预制梁由平车顺桥向运至安装孔的一侧，移动跨墩龙门吊车上的吊梁平车，对准梁的吊点放下吊架，将梁吊起。当梁底超过桥墩顶面后，停止提升，用卷扬机牵引吊梁平车慢慢横移，使梁对准桥墩上的支座，然后落梁就位，接着准备架设下一根梁。

3.自行式吊车架梁法

在桥不高、场内又可设置行车便道的情况下，用自行式吊车（汽车吊车或履带吊车）架设中、小跨径的桥梁十分方便。此法视吊装重量不同，还可采用单吊（一台吊车）或双吊（两台吊车）两种形式。其特点是机动性好，不需要动力设备和准备作业，架梁速度快。

4.浮吊架设法

在海上和深水大河上修建桥梁时，选用可回转的伸臂式浮吊架梁比较方便，也可用钢制万能杆件或贝雷钢架拼装固定的悬臂浮吊进行。此架梁方法高空作业较少、吊装能力强、工效高、施工较安全，但需要大型浮吊。由于浮吊船来回运梁航行时间长，需增加费用，一般采取用装梁船存梁后成批架设的方法。浮吊架梁时需在岸边设置临时码头来移运预制梁。架梁时，浮吊要仔细锚固，当流速不大时，可把预先抛入河中的混凝土锚作为锚固点。

5.高低腿龙门架配合架桥机架设法

山区预制梁受场地影响，为满足施工进度需求，经常把预制梁场地设置在桥梁下的狭小场地内，采用运梁车将桥下预制梁运至高低腿龙门吊下面，利用高低腿龙门吊将预制梁提升到桥面，然后再用运梁小车把箱梁运到架桥机下面进行预制梁架设。

第三章 桥涵工程的养护及施工中的安全控制

第一节 桥涵养护的基本知识

一、桥涵养护的目的和原则

（一）桥涵养护的目的

桥梁建成后，为了适应公路交通运输事业的发展，确保正常使用，必须加强经常性的检查、养护和维修。桥涵养护的目的主要有以下几个。

第一，确保桥涵构造物的安全、完整、适用与耐久。桥涵构造物经常经受风、雨、水流（包括洪水、冰凌）等的侵袭；车辆通过时会对其形成冲击；通航河道上的桥梁，偶尔还会被船只碰撞。另外，还会出现一些人为因素的破坏。所以，桥涵构造物在使用过程中，难免会发生病害和损伤。一旦发生病害和损伤，就要及时进行维修。小坏小修，随坏随修，防止病害扩大，确保构造物的安全与完整。

第二，了解桥梁结构状况，完善技术资料，为维修加固提供依据。为了对桥涵进行养护，必须掌握有关桥涵设计文件、施工记录、质量检验、竣工验收以及使用状况记录、检查记录、维修加固记录等技术资料。但有的桥涵由于建造时间久远或其他原因导致技术资料不全。因此，在桥涵的养护过程中，必须采取各种调查和测试手段，建立和完善必要的档案资料库。技术资料为桥涵使用及维修加固工作创造了有利条件，可为合理安排现场检查和制定加固维修方案提供可靠依据。

（二）桥涵养护的原则

根据《公路桥涵养护规范》（JTG 5120—2021）的规定，桥涵养护应遵循以下原则：

（1）公路桥涵养护工作应严格遵守"预防为主，防治结合"的原则，以桥面养护为中心，以承重部件为重点，全面加强养护。

（2）推广应用先进的养护技术和科学的管理方法，改善养护方式，提高养护技术水平。

（3）桥涵养护工程应重视经济技术方案的比选，并充分利用原有工程材料和原有工程设施，以降低成本。

（4）重视环境保护和环境综合治理。

公路桥涵养护应做到：桥涵外观整洁，桥面铺装坚实平整、横坡适度，排水通畅，结构完好无损，标志、标线等附属设施齐全、完好。具体要求如下：

（1）桥涵构造物的养护，应使原结构满足设计荷载等级的承载要求及设计交通量的通行要求。根据交通发展的需要，也可通过改造和改建的方式来提高承载能力和通行能力。

（2）在确定改造或改建工程方案时，应注意新旧结构之间的关系，充分发挥原有结构的作用。

（3）养护作业和工程实施应注意保障车辆、行人的安全通行及环境保护。

（4）桥涵构造物养护应有对洪水、泥石流和地震等自然灾害的防护措施，同时应制定应急交通方案。

（5）新建或改建桥梁交工接养，应有完备的交接手续并提供成套技术资料。特大桥、大桥应配置养护设施、机具，设置养护工作通道、扶梯、吊杆、平台，设计单位应提出养护技术要点及要求。未配置或配置不能完全满足养护工作需要的，可根据实际需要予以增添。

（6）桥涵构造物的维修、加固、改建的竣工验收等有关技术文件，均应按统一格式完整地归入桥梁养护技术档案及数据库。

二、桥涵养护工程分类

桥涵的养护是指为保持桥涵及其附属物的正常使用而进行的经常性保养及维修作业，以及为了预防和修复桥涵灾害性损坏与提高桥涵质量、服务水平而进行的改造作业。根据《公路桥涵养护规范》（JTG 5120—2021）规定，桥涵的养护按其工程性质、规模大小、技术难易程度可以划分为小修保养工程、中修工程、大修工程、改建工程和专项抢修工程五类。

小修保养工程。对公路桥涵及其一切工程设施进行预防保养和修补其轻微损坏部分，使之经常保持完好状态的工程项目。它通常是按月（旬）安排计划，每日进行的工作。

中修工程。对公路桥涵工程设施的一般性磨损和局部损坏进行定期的修理加固，以恢复其原状的小型工程项目。它通常按年（季）安排计划并组织实施。

大修工程。对桥涵设施的较大损坏进行周期性的综合修理，以全面恢复到原设计标准，或在原技术等级范围内进行局部改善和个别增建以逐步提高其通行能力的工程项目。它通常根据批准的年度计划和工程预算来组织实施。

改建工程。对桥涵及其工程设施，因不能满足交通量和载重需要，而分期逐段提高技术等级，或通过改建显著提高其通行能力的较大工程项目。它通常由地区养护机构或省级养护机构根据批准的计划和设计预算来组织实施。

专项抢修工程。采取临时性措施在最短的时间内恢复交通的工程。对于阻断交通的桥涵恢复工程，应优先安排。

三、桥涵的检查、检测与评定

（一）桥涵检查

桥涵检查可分为经常检查、定期检查及特殊检查三种。

1.经常检查

主要指对桥面设施、上部结构、下部结构及附属构造物的技术状况进行的检查。经常检查采用目测方法，也可配以简单工具进行测量，当场填写"桥梁经常检查记录表"，现场登记所检查项目的缺损类型、估计缺损范围及养护工作量，并提出相应的小修保养措施，为编制辖区内的桥梁养护（小修保养）计划提供依据。经常检查的内容较多，但大部分内容都可以经目测发现并做出定性判断。例如，外观是否整洁、支座是否明显缺陷等。检查应做到有序而严密，防止漏项。经常检查的检查周期为每月至少一次，遇汛期或其他自然条件变化时应增加检查频率。

2.定期检查

定期检查的周期最长不得超过三年。新建桥梁交付使用一年后，应进行第一次全面检查，临时桥梁每年检查不少于一次；在经常检查中发现重要部（构）件的缺损情况严重时，应立即安排一次定期检查。定期检查以目测观察结合仪器观测进行，必须接近各部件仔细检查其缺损情况。

与经常检查不同的是，定期检查虽也可目测，但其强调"必须接近各部件仔细检查其缺损情况"。为此，必须为接近桥梁各部位创造条件，如使用桥梁检测车、搭设临时支架、配备桥梁检测工具等。

定期检查应由具有相应的资质和素质的桥梁养护工程师主持，根据本次检查情况、以往检查情况和工程师的相关经验等，在现场完成"桥梁定期检查记录表"的填写，判断缺损原因、维修范围、提出建议等。对于难以判断的，提出进一步检查的要求。

3.特殊检查

特殊检查应根据桥梁的破损状况和性质，采用仪器设备进行现场测试、荷载试验及其他辅助试验，针对桥梁现状进行分析，形成鉴定结论。

特殊检查应委托有相应资质和能力的单位承担。在下面几种情况下，应进行专门检查：

（1）定期检查中难以判明损坏原因及程度的桥梁。

（2）拟通过加固手段提高荷载等级的桥梁。

（二）桥涵检测

1.定期检测

定期检测能为评定桥涵状况，制定养护计划提供基本数据。对桥涵主体结构及附属构造物的技术状况进行全面检测，能为桥涵养护管理系统提供结构技术状态的动态数据。检测周期根据桥涵技术状况而定，规范要求的定期检测周期为每年一次。定期检测配备有照相机、望远镜、游标卡尺、刻度放大镜、敲击小锤等简单工具，检测人员必须接近各部件仔细检测其缺损情况，提交定期检查报告。

2.特殊检测

桥涵特殊检测应委托有相应资质和能力的单位进行。

（三）桥涵评定

桥涵评定是指根据桥涵检查结果，对桥涵技术状况进行分类评定，制定相应的养护对策。建立桥涵管理系统和桥涵数据库，健全桥涵养护技术档案，实施监控，实行科学决策。

1.桥涵一般评定

一般评定是依据桥涵定期检查资料，通过对桥涵各部件技术状况的综合评定，确定桥涵的技术状况等级，提出各类桥涵的养护措施。

2.桥涵适应性评定

适应性评定包括以下内容：依据桥涵定期以及特殊检查资料，结合试验与结构受力分析，评定桥涵的实际承载能力、通行能力、抗洪能力，提出桥涵养护、改造方案。适应性评定应由市级公路桥涵管理机构委托有相应资质及能力的单位进行。

3.桥涵技术状况等级评定

根据桥涵技术状况等级评定的结果，桥涵养护类别可以分为以下五类：

Ⅰ类养护的桥涵——特大桥涵及特殊结构的桥涵。

Ⅱ类养护的桥涵——城市快速路网上的桥涵。

Ⅲ类养护的桥涵——城市主干路上的桥涵。

Ⅳ类养护的桥涵——城市次干路上的桥涵。

Ⅴ类养护的桥涵——城市支路和街坊路上的桥涵。

根据各类桥涵在城市中的重要性，本着"保证重点，养好一般"的原则，桥涵养护等级宜分为Ⅰ等、Ⅱ等、Ⅲ等。

根据桥涵技术状况、完好程度，对不同养护类别的桥涵，其完好状态等级划分及养护要求应符合下列规定：

第一，Ⅰ类养护的桥涵完好状态宜分为两个等级：

合格级——桥涵结构完好或结构构件有损伤，但不影响桥涵安全，应进行保养、小修。

不合格级——桥涵结构构件损伤，影响结构安全，应立即修复。

第二，Ⅱ～Ⅴ类桥涵完好状态宜分为五个等级（BCI指城市桥梁状况指数，以表征桥梁结构的完好程度）。

A级——完好状态，BCI达到90～100，应进行日常保养。

B级——良好状态，BCI达到80～89，应进行日常保养和小修。

C级——合格状态，BCI达到66～79，应进行专项检测后保养、小修。

D级——不合格状态，BCI达到50～65，应检测后进行中修或大修工程。

E级——危险状态，BCI小于50，应检测评估后进行大修、加固或改扩建工程。

第二节　桥梁的养护

一、桥面及附属设施的养护

（一）桥面铺装的养护

桥面铺装的养护首先要弄清桥面铺装的类型，然后找出铺装层存在的主要问题并进行修护。目前，永久性公路桥梁常用的桥面铺装有两大类，即沥青桥面铺装和水泥混凝土桥面铺装。

（1）桥面应经常清扫，排除积水，清除泥土、杂物、冰凌和积雪，保持桥面平整、清洁。

（2）沥青混合料桥面出现泛油、裂缝、坑槽、波浪、车辙等病害时，应及时处理。当损坏面积较小时，可局部修补；当损坏面积较大时，可将整个铺装层凿除，重新铺筑新的铺装层。一般不应在原桥面上直接加铺，以免增加桥梁恒载。

（3）水泥混凝土桥面出现断缝、拱胀、错台、起皮等病害时，应及时处理。损坏面积较大时，应将原铺装整块凿除，重新铺筑新的铺装层。

（4）桥面防水层如有损坏，应及时修复。

（二）伸缩缝装置的养护

伸缩缝装置的缺陷有可能导致跳车，影响行车舒适度，甚至造成交通事故。

伸缩缝装置的检查主要是通过目测，必要时用直尺测量破坏的范围，并在检查记录中详细描述缺陷的形式。

（1）应经常清除缝内积土、垃圾等杂物，使其正常发挥作用，若有损坏或功能失效应及时修复或更换。

（2）当以下几种伸缩缝装置出现下列病害时，应及时更换：

①对于U形伸缩缝，主要检查伸缩缝是否堵死，缝内的沥青是否挤出或冷缩，镀锌铁皮是否脱落。

②对于梳形钢板伸缩缝，主要检查钢板是否破坏，伸缩缝间隙是否被石块等杂物卡死，连接螺栓是否损坏。

③对于目前使用较多的橡胶伸缩缝，主要检查橡胶件的剥离、损坏或老化状况，锚固螺栓是否失效，伸缩缝是否有下陷或凸起等缺陷。

④对于填充型伸缩缝，也称弹塑体伸缩缝，在使用过程中主要检查填充体（或弹塑体）与桥面铺装或梁体黏结是否有效、可靠，填充部分表面的平整度是否满足要求等。

（3）更换的伸缩缝装置应选型合理，伸缩量应满足桥跨结构变形需要，安装应牢固、平整、不漏水。

（4）维修或更换伸缩装置时，应采取措施保证交通顺畅。

（5）各种伸缩缝装置本身的缺陷主要是容易漏水，从而加速支座和结构本身的损坏。雨雪后宜对伸缩缝装置安排较为详细的检查。

（三）桥面排水设施的养护

桥面排水设施的缺陷在降雨、化雪时最易观察，因此最好在此时检查，也可在雨后进行。

（1）桥面的泄水管、排水槽如有堵塞，应及时疏通，并经常保持畅通。

（2）桥面应保持大于1.5%的横坡，以利于桥面排水。

（3）桥梁上设置的封闭式排水系统，应保持各排水管道畅通，排水系统的设备如水泵等应正常工作,若有堵塞应及时疏通,如有损坏则应及时更换。

(4)桥面排水设施的缺陷往往导致桥面积水,降低桥面摩擦系数,引起车辆打滑;同时,积水可能通过桥面铺装裂缝或伸缩缝侵入桥梁主要承重结构,进而影响这些承重结构的耐久性。

(四)人行道、栏杆、护栏、防撞墙的养护

主要检查人行道、缘石、栏杆混凝土有无剥落、裂缝、露筋,扶手、立柱是否松动、脱裂、缺件等情况。

(1)人行道块件应牢固、完整,桥面路缘石应经常保持完好状态。若出现松动、缺损应及时修理或更换。

(2)桥梁栏杆、防撞墙应经常保持完好状态,栏杆柱应竖立、正直,伸缩缝处的水平杆件应能自由伸缩,如有缺损应及时补齐。如发现栏杆被车撞坏,应及时采取防护措施,避免行人或车辆落入河中,同时必须尽快修理恢复。

(3)钢筋混凝土栏杆如发现有裂缝或混凝土剥落的情况,轻者可灌注环氧树脂填充裂缝,严重的应凿除损坏部分,重新修补完整。

(4)钢质栏杆应经常清刷除锈,一般每年应定期进行涂漆防锈。

(5)桥梁两端的栏杆柱或防撞墙面端应涂上 20 cm 宽,且红白相间的油漆,顶部 20 cm 为红色,油漆颜色应鲜艳。

(6)护栏、防撞墙应牢固、可靠,若有损坏应及时修理。护栏上的外露钢构件应定期涂漆防锈,一般每年一次。

二、桥梁上部结构的养护

桥梁上部结构是桥梁的主要承重结构,由梁、板、横隔梁、拱肋等基本构件组成。基本构件的缺陷一般出现在施工或使用过程中。

（一）梁式桥上部结构的养护

对于钢筋混凝土桥梁上部结构的基本构件，针对常见病害主要采取以下措施：

（1）混凝土局部松散、砂浆少、集料多，且集料之间有空隙，形成蜂窝状孔洞，混凝土表面缺浆、粗糙，或形成许多麻面，常发生在钢筋密集处或预留孔洞及预埋件附近，均应先将松散部分清除，再用高强度等级混凝土、水泥砂浆或其他材料修补。新补的混凝土要密实，与原结构应结合牢固、表面平整。新补的混凝土必须及时养护。

（2）梁体发现露筋现象，即构件的主筋或箍筋无保护层而外露或保护层剥落，应先将松动的保护层凿除，并清除钢筋锈迹，然后修复保护层。如损坏面积不大，可用环氧砂浆修补；如损坏面积过大，可用喷射高强度等级水泥砂浆的方法修补。

（3）梁体缝隙夹层，即施工缝处混凝土结合不好，有缝隙或夹有杂物，应及时清除。

（4）构件表面裂缝。上述（1）～（3）一般可简单地通过目测或用超声波进行检测，而混凝土裂缝则一般应检查裂缝发生的位置、形态、发展长度和宽度及裂缝数量，除裂缝的宽度需用仪器检查外，其他项目一般可目测进行。裂缝宽度一般用刻度放大镜（或读数显微镜）测量。

检查裂缝的方法如下：

（1）在裂缝的起点及终点用红油漆或红粉笔与裂缝垂直画线；同时，也可在裂缝附近沿裂缝延伸方向画细线，以标明裂缝的形态和发展长度。

（2）在标注的裂缝上，选择目测裂缝宽度较大的位置用刻度放大镜测量裂缝的宽度。

（3）量出主要裂缝宽度后，将裂缝的位置、走向、长度、分布情况及特征用坐标法绘制裂缝展开图，并根据裂缝的宽度及发展的不同情况进行以下处理：

①当裂缝宽度在限值范围内时，可进行封闭处理，一般涂刷环氧树脂胶。

②当裂缝宽度大于限值规定时，应采用压力注浆法灌注环氧树脂胶或其他灌缝材料。

③当裂缝发展严重时应加强检查，查明原因，按照规范规定进行加固处理。各类裂缝的宽度不应超过规范规定。

（二）梁式桥横向联系的养护

基本构件的横向联系是保证桥梁上部结构稳定的重要组成部分。对于横向联系的检查一般包括联系本身状况的检查以及与基本构件连接状况的检查。

对于有横隔板的梁式桥，主要检查横隔板的损伤、裂缝及连接钢板的锈蚀情况；对于无横隔板的梁式桥，则主要检查湿接缝、铰缝、桥道板的开裂状况。如空心板桥的铰缝一旦开裂，将失去作用，导致单板受力，脱离整体的单板将因承受荷载过大而产生裂缝，当行车荷载较大时甚至会导致梁板断裂，造成安全事故。

（三）拱桥上部结构的养护

梁和系梁应检查混凝土是否开裂、剥落、露筋和锈蚀，下承式拱桥的吊杆上下锚固区的混凝土有无开裂、渗水，吊杆锚头附近是否有锈蚀或断裂现象。

双曲拱桥应注意检查拱间横向连接拉杆是否松动或断裂，拱波与拱肋结合处是否脱裂，拱波之间的砂浆是否松散脱落，拱波顶是否开裂、渗水等。

圬工拱桥的检查，应包括下列内容：

（1）主拱圈是否变形，灰缝是否松散脱落、渗水等，砌块有无断裂、脱落。

（2）实腹拱的侧墙与主拱圈间是否脱裂，侧墙角是否变形，拱上填土是否沉陷或开裂。

（3）空腹拱的小拱是否变形、错位，主柱是否倾斜、开裂。

（4）砌体表面是否长苔藓，砌缝是否滋生草木。

三、桥梁支座的养护

桥梁支座主要检查其功能是否完好，组件是否完整、清洁，有无断裂、错位和脱空现象。各种支座的检查，应包括下列内容：

（1）简易支座的油毡是否老化、破裂或失效。
（2）钢板滑动支座和弧形支座是否干涩、锈蚀。
（3）摆柱支座各组件相对位置是否正确，受力是否均匀。
（4）四氟板支座是否脏污、老化。
（5）橡胶支座是否老化、变形。
（6）盆式橡胶支座的固定螺栓是否断裂，螺母是否松动。
（7）辊轴支座的辊轴是否出现不允许的滑动、歪斜。
（8）摇轴支座的辊轴是否倾斜。
（9）活动支座是否灵活，实际位移量是否正常。
（10）支承垫石是否破碎。

另外，由于支座变形或其他因素的影响，支座上、下的结构也可能出现异常，所以应尽可能同时进行检查。

四、桥梁墩台基础的养护

混凝土和钢筋混凝土桥梁墩台养护的目的是使结构物完整、牢固、稳定、不发生倾斜，并减少行车振动和基础冲刷。对桥梁墩台及基础进行养护的主要工作内容如下：

（1）必须采取措施，保持桥梁墩台基础附近河床的稳定。桥梁上下游

200 m 的范围内（当桥长的 1.5 倍超过 200 m 时，范围应扩大至 1.5 倍桥长），应做到：

①河床应适时地进行疏浚，每次洪水过后，应及时清理河床上的漂浮物，使水流顺利流向下游。

②竖立警示牌，禁止任意挖砂、取土、采石、倾倒废弃物，不得进行爆破作业及其他危及公路桥梁安全的活动；当发现有上述现象时必须及时制止，并采取相应措施。

③不得任意修建对桥梁有害的水工建筑物，当因抢险、防汛需要修筑堤坝、压缩或拓宽河床时，应事先报经主管部门同意，并采取有效的防护措施。

（2）必须保持墩台结构表面的整洁，及时清除墩台表面的青苔、杂草、灌木和污秽物。

（3）对因长期受雨水侵蚀而发生灰缝脱落的圬工砌体，应清除缝内杂物，重新用水泥砂浆勾缝。

（4）桥梁墩台、桩柱排架混凝土结构物表面发生侵蚀、剥落、蜂窝、麻面、裂缝、露筋等病害时，应及时采用水泥砂浆修补。对受行车振动影响大、不易用水泥砂浆补牢的，应考虑采用环氧树脂或其他聚合物混凝土等性能较好的材料修补。

（5）圬工砌体镶面部分严重风化和损坏时，应用石料或混凝土预制块补砌和更换，新老部分要结合牢固，色泽、质地与原砌体基本一致。

（6）基础局部掏空，护底、护坡等构筑物局部损坏，应及时分析情况，抓紧修复。当损坏严重时，应根据损坏情况采取加固措施。

（7）经常维护原有的防撞、导航、警示等附属设施，使其保持良好的状态。当发现墩、立柱因船只碰撞发生损坏时，对被碰撞的墩台必须立即进行检查，包括墩台构件的损坏情况、立柱的垂直度等，并立即采取措施，确保行车安全。

（8）对严寒地区的桥梁墩台基础的养护，应特别重视采取防冻措施，以保证河床状态稳定和加固设施可靠。

(9) 对于大桥及特大桥，应在桥梁墩台设置沉降观测点，并且每年进行观测记录，拱桥应设置桥台水平位移观测点。

第三节　涵洞的养护

一、涵洞的日常养护

（一）技术要求

涵洞洞身、涵底、进出水口、护坡和填土应保持完好、清洁、不漏水，保证水流在任何情况下都能顺畅地通过涵孔，排到适当地点。通道内应保持清洁，无积水。

（二）质量控制

涵洞的质量控制要点主要包括以下几个方面：

（1）涵洞洞口应保持清洁、干净，发现堆积杂物应立即清除；涵洞内应保持排水畅通，发现淤塞应及时疏通清除。

（2）洞口和涵洞内如有积雪应尽快清除，被清除的积雪应放在路基边沟以外。

（3）涵洞开挖维修时应保证通车，设立安全标志、护栏。

（4）洞底铺砌层、洞口上下游路基护坡、引水沟、汇水槽、窨井和沉沙井发生变形时，均应及时修理。未设置沉沙井而涵洞经常发生泥沙淤积的，可在进水口加设沉沙井，以沉淀泥沙、杂物。

（5）涵底铺砌出现冲刷损坏、下沉、缺口等情况时，应及时修复。路基填土出现渗水、缺口等情况时,应及时封塞填平。

(6)涵底和涵墙出现渗漏水时,应及时查明原因,并分别采取下列方法处理:

①疏通水道,使洞口铺砌与上下游水槽坡道平齐、顺适。

②保持洞内底面平顺并有适当纵坡。

③用水泥砂浆铺底并对涵墙重新进行勾缝。

(7)处于高处的涵洞,其出水口的跌水设施必须与洞口紧密结合成整体。若有裂缝应立即填塞。

除日常养护外,涵洞汛期前后应加强养护;全面检查、疏通、清扫,及时清除涵洞内及涵洞口的杂物,对有隐患和损坏的部分及时维修。

涵底和涵墙出现渗水,对涵洞本身和路基的危害都很大,应立即查明原因,分别采取上述(6)的方法处理。

(8)涵洞进水口周围的路堤应保持坚固。每次洪水过后,应检查有无渗漏、掏空、缺口或冲刷现象。如有此类现象发生,应及时修补。

(9)倒虹吸管在长期流水压力作用下容易破裂、漏水,造成路基软化,应注意检查。

(10)涵洞挖开修复时应保持通车,并设立安全标志。

(11)涵洞进出水口处如被水流冲刷严重,可用浆砌块石铺底,并用水泥砂浆勾缝。

(12)涵洞两端锥坡、挡墙应经常检查,遇有倒塌、孔洞、开裂、砂浆剥落等现象必须及时修补,修补质量不得低于原构造物质量。

二、涵洞的养护加固

涵洞的养护加固应根据不同的结构形式和病害成因采取不同的方法。

（一）砖石涵洞

砖石涵洞的表面如发生局部风化、轻微裂缝及砖灰缝剥落等现象，应用水泥砂浆勾缝或修补封面。洞顶漏水必须挖开填土，用水泥砂浆或石灰砂浆修理其损坏部分，并衬砌胶泥防水层。

（二）混凝土涵洞

混凝土管涵的接头处和有铰涵管的铰点接缝处发生填缝脱落时，应用干燥麻絮浸透沥青后填实，不宜用灰浆抹缝，以免再次碎裂脱落。

压力式管涵进水口周围的路堤应保持坚固。每次水淹以后，要检查有无缺口，并及时修补。

倒虹吸管在长期流水压力作用下容易破裂漏水，造成路基软化，应注意检查，如路面出现湿斑，应及时修理。

洞底铺砌层、洞口上下游路基护坡、引水沟、泄水槽、窨井和沉沙井发生变形或沉陷时，均须及时修理。

砖石、混凝土及钢筋混凝土端墙和翼墙，如有离开路堤向外倾斜或鼓肚现象，应查明原因，加以处理。如属填土未夯实而沉落挤压，或填土中水分过多，土压力增大而形成的，应挖开填土更换并仔细夯实。如属基础不均匀沉陷而发生倾斜，则需修理或加固基础。

管涵的管节因基础沉陷而发生严重错裂时，应挖开填土加固基础并重做砂垫层。

（三）波纹管涵

波纹管涵发生沉陷变形，必须拆除修理。管底应按土质情况做好垫层，铁管上面要加铺一层 10～15 cm 厚的胶泥防水层，并注意回填较好的土分层夯实，涵洞排水如经常出现混浊或杂物等，可在进水口加设沉沙井以沉淀泥土、杂物，并注意定期清除。处于山谷高填土的涵洞，其出水口的跌水设施须与洞口紧密结合，尤其在湿陷性黄土地区，应采用"远接远送"的方法设置排水沟。

洞口和洞内如有积雪应及时清除。经常积雪和雪很深的地区，应在入冬前在洞口外加设栅栏，或用柴排、草捆封闭洞口，融雪时及时拆除。

第四节　桥涵工程施工中的安全控制

一、基本规定

桥涵工程包括桥梁和涵洞，按主要承重构件的受力情况可分为梁式桥（可分为简支梁桥、连续梁桥、悬臂梁桥）、拱桥、刚架桥、吊桥以及组合体系桥梁，基本施工过程主要包括基础工程、墩台工程、上部工程、混凝土预制以及预制构件运输。

桥涵工程施工中的安全基本规定如下：

（1）在桥涵工程施工前，应详细核对技术设计、图纸、文件。高桥、大跨、深水、结构复杂的大型桥梁施工，应对施工安全技术措施做专项调查研究，采用切实可靠的先进技术、设备和防护措施。中、小桥涵工程施工应制订具有针对性的安全计划。

（2）每个单项工程，在开工前都应根据相关的规程规定制定安全操作细则。

（3）桥涵工程施工的辅助结构、临时工程及大型设施等，均应按有关规定做好安全防护措施。

（4）对于特殊结构的桥涵，在施工中采用新技术、新工艺、新材料、新设备时，必须制定相应的、有针对性的安全技术措施。

（5）桥涵施工前，应对施工现场、机具设备及安全防护设施等进行全面检查，确认符合安全要求后方可施工。

（6）手持式电动工具应按现行国家标准《手持式电动工具的管理、使用、检查和维修安全技术规程》（GB/T 3787—2017）的规定，根据手持式电动工具的类别和作业场所的安全要求，加设漏电保护器。

（7）桥涵施工中，采用多层作业或桥下通车、行人等立体施工的方式时，应布设安全网。

（8）对于通航江河上的桥涵工程，施工前应与当地港航监督部门联系，制定有关通航、作业安全事宜，办理水上施工许可证等必要的手续，否则，不得开始施工。

（9）桥涵施工受气候环境因素的影响很大，因此应注意天气情况变化。高处露天作业及缆索吊装、大型构件等在起重吊装时，应根据作业高度和现场风力大小对作业的影响程度，制定施工方案。遇有六级以上（含六级）大风时，应停止上述施工作业。

二、基础工程施工中的安全控制

理解、掌握并正确执行基础工程施工中的安全控制的前提是对相关的施工机具有所了解。架桥设备是用于桥梁钢筋混凝土结构梁的吊装，主要有缆索式、导梁式和专用架桥设备。

（一）桥梁施工中的安全控制

1. 缆索式架桥设备

在设置缆索式起重机时，塔架的强度，主索、起重索和牵引索的拉力以及有关起重机的稳定性等均需经过必要的力学计算，再经过现场试验，以确保施工安全。缆索式架桥设备通过在两个塔架之间张紧一根特种承重的主索，使起重小车可以在此钢索上来回移动提升重物。缆索式架桥设备的优点是跨度和起升质量较大（跨度为 100～1 800 m，起升质量为 3～50 t），适用于在山区丘陵地带以及有交通线或障碍物的施工现场开展起重运输工作，特别适用于桥隧工程和水利枢纽工程。

2. 导梁式架桥设备

目前，利用贝雷钢桁架和万能杆件拼装成的导梁式架桥设备在桥梁的上部施工中较为常见。其中，万能杆件是用角钢制成的、可拼成节间距为 2 m×2 m 的桁架杆件。用万能杆件拼成的架桥设备（也称组拼式架桥机），主要由导梁、前支腿、前后行走台车、前后起吊天车及电气系统组成。

导梁和前支腿由万能杆件组拼而成，导梁安装在前、后行走台车上，行走台车可在已架设好的预应力混凝土梁上的轨道上行走。行走系统由行走台车和牵引动力组成。起吊系统的天车横梁可由万能杆件拼装而成，也可由型钢组合而成，具体用哪种形式应根据施工现场情况、两个导梁的间距，以及起吊设备的状况等因素综合考虑确定。

红旗 130 型架桥机机臂在曲线上架梁时，可随线路水平转动。梁片可以直接从运梁台车上起吊，可以一次将梁片架设就位，并可以在前后方向架梁。反方向架梁时，架桥机不需要转向，简化了架梁工艺，提高了工作效率。

架桥机和龙门吊的相同之处在于都属于起重机械，都是用来搬运桥梁的。两者都可以采用花架结构，这样成本都比较低，运输和安装都比较方便。两者的主梁结构也是一样的，既可以是单梁结构，也可以是双梁结构。

龙门升降架体的主要构件有立柱、天梁、上料吊篮、导轨及底座，架体采用在架体上拴缆风绳,其另一端固定在配重篮上的方法进行锚固。每一层每一边应设两根连墙杆件,并与结构框架柱牢固连接,从而维持架体的稳定。

吊装混凝土梁时,龙门吊的速度应缓慢、均匀,梁两端提升速度应一致,以防止梁两端因高低差距过大而倾斜。混凝土梁落稳前应将支座放正,支座底用干硬砂浆砸实找平。两台龙门吊应同速运行,架设人员必须听从现场负责人员的统一指挥,确保步调一致。架完一孔梁后,应立即对横隔板进行焊接,焊缝必须饱满,不得漏焊。

(二)明挖基础施工安全控制

基坑开挖的方法、顺序以及支撑结构的安设均应按照施工组织设计中的规定进行,开挖较大、较深和地质水文条件复杂的基坑必须制定详细的施工方案和安全方案。开挖基坑时,要指派专人检查其对邻近建(构)筑物或临时设施安全的影响,并留有检查记录。如可能产生影响,应先采取安全防护措施,然后再进行开挖。基坑深度超过 1.5 m 时,为方便人员上下,必须挖设专用坡道或铺设跳板,坡道和跳板的宽度应超过 60 cm;深狭沟槽应设靠梯或软梯。开挖基坑时,要根据土质、水文等情况,按规定的边坡坡度分层下挖,严禁局部深挖、掏洞开挖。若基坑深度超过 1.5 m,加支撑时,应按标准进行放坡。如施工区域狭小或受其他条件限制,应采取固壁支撑措施,支撑方法应根据土质和施工具体情况事先进行设计。

基坑开挖需注意采用钻机打设井点,应遵守钻孔施工的安全操作规程,采用集水井降水法,使用无砂混凝土管作为护壁。管与管间的连接应绑扎牢固,不得脱节。集水井内放置的潜水泵要事先逐台进行检查。试验抽排水时,应指派专人看管潜水泵及电源。拆除集水井或在井坑内开挖时,作业人员之间应保持安全距离。开挖的边坡应保持稳定,随着基坑的深入,要及时拆除已裸露的无砂混凝土管,以防其倾倒伤人。如遇到流砂,应采取围堰或打板桩支撑等防护措施。采用皮带输送机运土出基坑时,机械要安装牢固,并设专人看管操作。

（三）筑岛、围堰施工中的安全控制

桥梁上部基础、水工建筑物基础常常位于地表水位以下，有时水流速度比较快，施工应尽量在枯水期进行。水中基础施工最常用的方法是围堰法。围堰主要起防水和围水的作用，有时还起着支撑基坑坑壁的作用。

1.围堰的类型与施工要求

围堰的类型有很多，按使用材料的不同可分为如下几种：土（石）围堰、木（竹）笼围堰、钢板桩围堰、钢木套箱围堰、混凝土围堰、钢筋混凝土板桩围堰等。

围堰的结构形式和材料应根据水深、流速、地质情况、基础类型以及通航要求等条件进行选择，围堰顶高宜高出施工期间的最高水位 70 cm，最低不应小于 50 cm，用于防御地下水的围堰宜高出水位或地面 20～40 cm。围堰外形应利于水流排泄，以免产生壅水现象。围堰的形式应满足基础施工的要求。堰身断面尺寸应保证有足够的强度和稳定性，使基坑开挖后，围堰不致发生破裂、滑动或倾覆。对围堰外围边坡的冲刷和筑围堰后引起的河床冲刷均应有防护措施。围堰施工一般应安排在枯水期进行。

2.筑岛、围堰的施工安全要点

人工筑岛应搭设双向运输便道或便桥。在围堰内作业，如遇有洪水或急速的水流，应立即撤出作业人员。应视土质、涌水情况，逐段支撑。应随时检查挡板、板桩、大框等挡土设施的稳定状况。当基坑较深时，四周应悬挂人员上下扶梯。施工中如遇有流砂、涌砂或支撑变形等异常情况，应立即停止挖掘，并立即撤出作业人员，在切实采取安全加固措施后方可继续开挖。采用吸泥船吹沙筑岛时，要对船体吃水深度、停泊位置、管路射程及连接方法等进行严格检查和试验。挖基工程所设置的各种围堰和基坑支撑，其结构必须坚固、牢靠。基础施工中，在进行挖土、吊运、浇筑混凝土等作业时，严禁碰撞支撑，并不得在支撑上放重物。施工中发现围堰、支撑有松动、变形时，应及时加固。施工中交接班时，交接人员应将处理情况和注意事项交接清楚，并做好原始记录

及签字工作。基坑支撑的拆除工作应在现场技术负责人的指导下进行。支撑的拆除工作可配合回填土进程，由低处向上进行，严禁站在正在拆除的支撑上操作。有引起坑壁坍塌的隐患时，必须采取安全措施。

（四）钢板桩及钢筋混凝土板桩围堰施工中的安全控制

钢板桩本身强度大，防水性能好，适用于深水或深基坑、较坚硬的土石河床。使用钢板桩围堰时，要根据施工条件和安全要求及水深、地质等情况适当选择桩长，准确确定围堰尺寸、钢板桩数量、打入位置、入土深度和桩顶标高，使之既不影响水上施工，又不会损坏水下桩基等构造物。在钢板桩打入前，应在设计位置设置坚固的导向桩和足够强度的支撑框架，并将钢板桩的打入位置标示在导向框架上，以确保板桩的稳定和准确合拢。

插打钢板桩（包括钢筋混凝土板桩）前应对打桩机、卷扬机及其配套机具设备、绳索等进行全面检查，经试验、鉴定合格后方可施工。钢板桩起吊操作人员应听从信号指挥，作业前应在钢板桩上拴好溜绳，防止起吊后钢板桩急剧摆动。吊起的钢板桩未就位前，插桩桩位处不得站人。在桩顶作业时，作业人员必须系好安全带。

钢板桩插进锁口后，因锁口阻力而不能插放到位，需用桩锤压插时，应用卷扬机的钢丝绳控制桩锤下落行程，防止桩锤随钢板桩突然下滑。插打钢板桩时，如吊机高度不足，可改变吊点位置。在转换吊点时，必须先挂后换。钢板桩在锤击下沉时，初始阶段应轻打。桩帽（垫）变形时应及时更换。拔桩应从下游向上游依次进行。

遇到拔不动的钢板桩，应立即停拔，并进行检查，可采取射水、振动等松动措施，严禁硬拔。采用吊机船拔除钢板桩时，应指派专人经常检查吊机船的吃水深度、拔桩机或吊机的受力情况，拔桩机和吊机应安装限负荷装置，以防超负荷作业。钢筋混凝土板桩采用锤击下沉时，桩头和桩尖部位应采取加固措施。锤击时应使用桩帽、桩垫，并经常进行检查，发现异常情况时应立即停击。

（五）钢套箱围堰基础施工中的安全控制

钢套箱围堰广泛应用于大型深水桥梁的基础施工中。钢套箱围堰可根据工程需要，制成整体式、装配式、单壁式、双壁式。钢套箱的结构及形式应按设计制造。拖船牵引浮运钢套箱时，应征得港航监管部门同意。多只拖船牵引浮运大型物件时，应配备通信器材，并建立统一的指挥机构。

当钢套箱采用船组辅助定位时，应先使定位船、导向船（或其他导向设施）就位。定位船锚的设置应根据流速、河床地质情况进行确定。应采取措施防止下锚时锚链（绳）缠绕或刮带伤人，船只上的锚固绳栓均要加固补强。河床地质较坚硬时，船用锚不易啃入土中，而且易被水冲动而影响钢套箱的定位，此时应采用大吨位混凝土锚。锚宜先用一段（20～50 m）钢链连接，然后再使用钢丝绳接长。

在通航河流上施工，施工前施工方应与港航监管部门联系，办理有关手续，协商有关通航安全事宜，并按要求设立标志和防撞装置。钢套箱的拆除工作应按施工组织设计规定的程序进行。拆除时，应有足够的脚手板、扶梯和救生设备等安全防护设施。施工人员必须系安全带，穿救生衣。拆下的铁件、螺栓等应吊放在指定地点，不得从高处向下抛掷。

（六）沉井基础施工中的安全控制

沉井是由刃脚、井筒、内隔墙等组成的，呈圆形或矩形的筒状钢筋混凝土结构。刃脚在井筒的最下端，形如刀刃，在沉井下沉时需切入土中。井筒是沉井的外壁，在下沉过程中起挡土作用。井筒需有足够的自重，以克服筒壁与土之间的摩阻力和刃脚底部的土阻力，使沉井能在自重的作用下逐步下沉。内隔墙的作用是把沉井分成许多小间，减小井壁的净跨距，进而减小弯矩，便于施工时挖土和控制沉降。

1.沉井施工

沉井施工时应先在地面上铺设砂垫层，设置承垫木，制作钢板或角钢刃脚后浇筑第一节沉井；待其达到一定重量和强度后，抽去承垫木，在井筒内边挖土边下沉；然后加高沉井，分解浇筑，多次下沉；下沉到设计标高后，再用混凝土封底，浇钢筋混凝土底板，构成地下结构。

2.沉井基础施工安全控制要点

井下沉四周影响区域内，不宜有高压线杆、地下管道、固定式机具设备和永久性建筑。必须设置时，应采取安全措施。沉井施工前，应检查机具设备是否完好，并搭好脚手架、作业平台。平台四周应设置栏杆。在水中设围堰筑岛而导致水流被压缩或河道改道时，应检查是否会对附近的堤坝、农田和其他建筑物的安全，以及岛体本身的稳定产生影响。沉井的内外脚手架如不能随沉井下沉，则应和沉井的模板、钢筋分开。井字架、扶梯等设施均不得固定在井壁上，以免在沉井突然下沉时被拉倒。沉井顶面应设安全防护围栏。井内、井上搭设的抽水机台座、水力机械管道等施工设施均应架设牢固。井顶上的机具应设防护挡板，小型工具宜装箱存放。沉井刃脚和井内横隔墙附近不得有人停留、休息，以防止坠物伤人。

空压机的储气罐应设有安全阀，输气管应编号，供气控制应由专人负责，进气口应设置在能取得洁净空气处。在围堰筑岛上就地浇筑的沉井，其外侧周围应留有护道。护道应按设计规定修筑。筑岛岛面和开挖基坑的坑底标高应至少比沉井施工期最高水位高出 0.5 m。在沉井下沉的过程中，如在刃脚尚未到达原河床前需接高沉井，则应在沉井内回填砂土，并分层灌注混凝土，防止沉井因接高加重而产生不均衡下沉现象，进而导致沉井倾斜。沉井垫板的拆除应在沉井混凝土达到设计强度后进行。抽拔垫板的工作应由专人统一指挥，分区、分层、同步、对称进行。抽拔垫板及下沉时，严禁任何人员从刃脚、底梁和隔墙下通过。抽掉垫板后，应及时回填、夯实。

沉井面积较大、不排水下沉时，井内隔墙上应设有供潜水员通过的预留孔。浮运沉井的防水围壁露出水面的高度在任何时候均不得小于 1 m。采用机吊人挖的方式时，需待井下人员撤离并发出信号后，装满的土方方可起吊。采用水力机械时，井内作业面与水泵站应建立通信联系。水力机械的水枪和吸泥机应进行试运转，确保各连接处严密、不漏水。沉井在淤泥质黏土或亚黏土中下沉时，井内的工作平台应用活动平台，禁止固定在井壁、隔墙或底梁上。

灌注水下混凝土时，应搭设作业平台、溜槽、导管及提升设备，经全面检查（提升设备应做升、降试运行），确认安全后方可施工。在深水处采用浮式沉井施工时，对于沉井下水、浮运，在悬浮状态下接高、下沉等过程，都应进行严格控制。

在对浮式沉井进行落入河床前的定位时，应考虑潮水涨落的影响，对所有锚碇设施进行检查和调整，使浮式沉井安全、准确地落位。浮式沉井落入河床后应尽快下沉，直至达到能使沉井保持稳定的深度。在通航的河道施工时，应与港监部门联系，办理有关水上施工的手续，设置导航标志。在水流斜交处，应设有导航船，进而引导过往船只缓慢、安全地驶过施工区。

（七）钻孔灌注桩基础施工中的安全控制

钻孔灌注桩的施工，因其所选护壁形式的不同，可以分为泥浆护壁施工法和全套管施工法两种。

冲击钻孔、冲抓钻孔和回转钻削成孔等均可采用泥浆护壁施工法。该施工法的施工过程是：平整场地→泥浆制备→埋设护筒→铺设工作平台→安装钻机并定位→钻进成孔→清孔并检查成孔质量→下放钢筋笼→灌注水下混凝土→拔出护筒→检查质量。

全套管施工法一般的施工过程是：平整场地→铺设工作平台→安装钻机→压套管→钻进成孔→安放钢筋笼→放导管→浇注混凝土→拉拔套管→检查成桩质量。

全套管施工法除不需制备泥浆及清孔外，其他施工步骤与泥浆护壁施工法类似。压入套管的垂直度取决于挖掘开始阶段 5~6 m 深时的垂直度。因此，应该随时使用水准仪及铅垂校核压入套管的垂直度。

钻孔灌注桩基础施工中的安全控制要点如下：

钻机就位后，对钻机及其配套设备应进行全面检查，如检查卷扬机、钢丝绳、滑车、钻头、泥浆泵、水泵及电气设备等是否正常。采用液压电动反循环机钻孔前应随时检查液压油、润滑油的情况，注满油料后旋塞要拧紧、关严。钻机皮带转动部分不得外露。所使用的电气线路必须是橡胶防水电缆。

各类钻机在作业中应由机管负责人指定的操作人员操作，其他人不得任意登机。操作人员在当班中不得擅自离岗。采用冲击钻孔时，应经常检查选用的钻锥、卷扬机和钢丝绳的损伤情况，当断丝超过5%时，必须立即更换。

对于钻孔使用的泥浆，应设置泥浆循环净化系统，防止对环境造成污染。钻机停钻时，必须将钻头提出孔外，置于钻架上，严禁让钻头停留在孔内过久。采用冲抓或冲击钻孔时，应防止碰撞护筒、孔壁或者钩挂护筒底缘。提升钻头时应缓慢、平稳。钻头的提升高度应分阶段（按进尺深度）严格控制。

（八）沉入桩基础施工安全控制

沉入桩又称打入桩，沉入桩基础施工中，钢筋混凝土桩、预应力混凝土桩采用捶击沉桩或振动沉桩时，施工现场应保持平整、清洁。对于打桩机的移动轨道，铺设要平顺，轨距要准确，钢轨要钉牢，轨道端部应设止轮器。在各种沉桩及桩架等拼装完成后，应对机具设备及安全防护设施进行全面检查验收，确认合格后方可施工。

在高压线附近安装打桩机械时，应保证打桩机与高压线最近距离大于安全距离。打桩机上方2 m内不准有任何架空障碍物。锤击沉桩或振动沉桩时，均应选用合适的桩帽或桩垫。桩帽应与桩连接牢固，桩垫破碎时应及时更换。在有人员居住的地点附近采用锤击沉桩或振动沉桩作业时，应采取减小噪声、减轻振动影响的措施。

降落锤头时，不准猛然骤落，在起吊沉桩或桩锤时，严禁作业人员直接在吊钩下或桩架龙门口处停留或作业。检查维修桩锤时，必须将桩锤放落在地面或平台上，用销子或卡子固定于桩架上。严禁对悬挂状态下的桩锤进行维修。

钢筋混凝土桩沉桩完成后，应立即用木板或草袋将桩头盖好。对于露出地面的桩头钢筋，应做好安全保护工作。

采用静力压桩时，应检查所施加压力之和与设计是否符合，其合力作用线与桩中心线是否符合。使用两台卷扬机与千斤顶施压时，必须同步作业，严防反力梁和桩架倾斜。采用高压水泵和空压机等助沉措施时，应按设计要求进行。在助沉设备的压力表、安全阀、水泵、输水管道、射水管水量及水压等经检查符合要求后，方可进行作业。

在振动打桩机作业时，禁止任何人进入机器底部操作。在振动打桩机加压时，如前轮离地应减压，以免钢丝绳、加压轮或立轴断裂。振动打桩机沉箱上的电缆接头应勤检查，做好绝缘防护。通过交通路口的电缆线要深埋土中。旋转钻机提钻时钻头不能旋转，落锤时不能一次骤落到底，钻完的孔应随时盖好。旋转钻机间歇时不得使钻头悬在钻孔中间，应拉放到原来位置，并摘除动力档，切断电源。

（九）拔桩施工中的安全控制

拔桩作业是在桩基础形成后，利用拔桩设备将桩筒拔出再利用的过程。拔桩作业采用人字桅杆、卷扬机进行拔桩时，应先计算拔桩力，然后根据拔桩力的大小，配备适当功率的卷扬机和滑车组。拔桩时，人字桅杆滑车组要尽量靠近桩中心。试拔中如发现缆风绳受力过大或地锚松动，应采取措施后再进行作业。采用锚固桩或顶梁千斤顶施力拔桩时，应先进行设计，被拔桩及锚固桩的各连接处必须完好。千斤顶应放置到位，并用方木承托。采用龙门吊架、吊机或拔桩船等进行拔桩时，应按设计经检验合格后进行拔桩。吊机应附有超载限制器，防止超负荷上拔。作业中应指派人员经常检查船体的平衡及稳定情况。用起重机配合拔桩时，起重机应随振拔机的起动而逐渐加荷。

（十）管柱基础施工中的安全控制

管柱基础是指由钢筋混凝土、预应力混凝土或钢管柱群、钢筋混凝土承台组成的基础结构。管柱应埋入土层一定深度，柱底应尽可能落在坚实土层或锚固于岩层中。

管柱基础施工时，管柱下沉采用的导向设备应根据水深、流速及基础形状，采取导向框架或钢围笼，以防止管柱下沉时产生倾斜和位移。导向框架或钢围笼按设计制作加工后，应经检查合格后方可使用。钢围笼的拼装可根据围笼高度、形状及重量等情况，一次拼装完成。拼装围笼时应搭设作业平台、内芯桁架导环、托架及必要的安全设施等。在分层接高时，应防止变形，每接高 8 m 左右，应加设缆风绳，以保证安全。钢围笼浮运、定位后，两导向船之间的通道及连接梁上面应铺设人行道、步梯及栏杆。导向船上堆放重物时应对称摆放，并严防船舶及漂流物的撞击。

管柱的吊点位置、平放支点及存放层数、竖立存放的稳定性等均应符合设计要求。对于钢筋混凝土管柱或预应力混凝土管柱，现场施工时应预先搭好脚手架、作业平台、护栏等安全设施。模板外侧安设的振动器，其固定处的螺栓应拧紧。电器绝缘应良好，电力线路应挂在安全处。

管柱接长，其法兰盘接头必须拧紧密贴，夹柱应牢固，作业人员的手指和头部不得伸入法兰盘中。在管柱内电焊时，应搭设脚手架，并备有通风设施。对起吊管柱的吊具、导向结构进行安装、拆除等作业时，所用的机具设备均应按要求作业。施工时应先进行检查，检查合格后方可作业。浮运管柱应根据船的重心对称放置。浮运应在白天天气良好时运行。浮运速度不宜超过 3 km/h。管柱施工作业平台除应设护栏外，双层或高处作业处以及两船拼装之间、跳板下面均应悬挂安全网。钻孔平台的脚手板必须铺满，四周应设置护栏和上下梯子，并备有救生和消防设施。管柱内的水位应高出管柱外水面，在管柱内清孔时，必须高出管柱外水面 1.5～2 m。

三、山区桥梁墩台施工中的安全控制

（一）桥梁墩台介绍

桥梁墩台（简称桥墩）是指多跨（不少于两跨）桥梁的中间支撑结构，是支撑桥跨结构和传递桥梁荷载的结构物。它主要由上部帽、上部身和基础三部分组成。桥墩施工按照施工工艺可分为就地浇筑/砌筑和预制安装桥墩。

（二）就地浇筑墩台施工中的安全控制

就地浇筑墩台施工前必须搭设好脚手架和作业平台。墩身高度在 2～10 m 时，平台外侧应设栏杆及上下扶梯；10 m 以上时，还应加设安全网。

模板就位后，应立即用撑木等固定其位置，以防倾倒砸人。用吊机吊模板合缝时，模板底端应用撬棍等工具拨移，不得徒手操作。每节模板支立完毕后，应安装好连接紧固器，支好内撑后方可继续作业。在安装高桥墩的墩身模板过程中，安装模板的作业人员必须系好安全带，并拴于牢固地点。穿模板拉杆时，应内外呼应。在整体模板吊装前，模板要连接牢固，内撑拉杆、箍筋应上紧。吊点要正确、牢固，起吊时，应挂好溜绳，并听从信号指挥，不得超载。用吊斗浇筑混凝土时，吊斗提降应设专人指挥。升降斗时，下部的作业人员必须躲开，墩台人员不得身倚栏杆推吊斗，严禁吊斗碰撞模板及脚手架。在围堰内浇筑墩台时，应安装梯子或设置跳板供作业人员上下。凿除混凝土浮浆及桩头时，作业人员必须按规定佩戴防护用品。人工凿除时应经常检查锤头是否牢固，使用风镐凿除桩头时，应先进行检查，确认安全可靠后方可进行作业。严禁风镐对人。

（三）砌筑墩台施工中的安全控制

砌筑墩台前，应搭设好脚手架、作业平台、护栏、扶梯等安全防护设施。用人工、手推车推（抬）运石块或预制块件时，脚手架跳板应铺满，其宽度、坡度及强度应经过设计，满足安全要求。脚手架和作业平台上堆放的物品不得超过设计荷载，砌筑材料应随运随砌。

用吊机、桅杆吊运砌筑材料时，应听从指挥信号。砌筑材料吊运到砌筑面时，作业人员应避让，待停稳后方可上前砌筑。在任何情况下都不得将手伸到砌体缝隙之中。人工抬运大块石料时，应捆绑牢靠，动作协调一致，缓慢平放，防止撞伤人。各种吊机作业时，所吊运重物的下方均不得站人。

（四）滑模施工中的安全控制

高桥墩（台）、塔墩、索塔等高层结构采用滑升模板施工时，应按照高处作业的安全规定加设安全防护设施，并根据工程特点编制单项施工方案和安全技术措施。作业前要对滑升模板进行验算和试验，滑升模板应有足够的安全系数。顶杆和提升设备应符合台身的形状和要求。

当塔墩等高层建筑采用爬模施工方法时，应进行特殊设计，在工厂制作。爬升架体系、操作平台、脚手架等要具有足够的刚度和安全度。架体提升时，要另设保险装置。模板爬升时，作业人员不得站在爬升的模板或爬架上。

在液压系统组装完毕后，必须进行全面检查。施工过程中，液压设备应由专人操作，并经常维护，发现问题时应及时处理。在模板提升到 2 m 高以后，应安装好内外吊架、脚手架，铺好脚手板，挂设安全网。滑模内应设置升降设施及安全梯。平台上的人群荷载和堆放材料应符合限量标准。材料应均匀摆放，不得多人聚集在一处。墩上养护人员必须系好安全带，输水管路及其他设备应栓绑牢固。运送人员、材料的罐笼或外用电梯应有安全卡、限位开关等安全装置。拆除现场应划定警戒区，警戒线到建筑物边缘的安全距离不得小于 10 m。

四、桥梁上部工程施工中的安全控制

桥梁的组成基本上是一样的，但由于类型、施工方法不同，不同的桥梁也有许多不同之处。以钢筋混凝土桥梁为例，根据不同的施工方法，可以分为整体式和装配式。整体式是上部结构在桥位上整体现场浇筑而成的，装配式是利用运输和起重设备将预制的独立构件运到桥位现场，进行起吊、安装、拼接而成的。

（一）预制构件安装作业中的安全控制

装配式构件（梁、板）安装前应制定安装方案，并建立统一的指挥系统。吊装前，应检查安全技术措施及安全防护设施等准备工作是否齐备，检查机具设备、构件的质量、长度及吊点位置等是否符合设计要求，严禁无准备盲目施工。每一节距内折断的钢丝不得超过 5%。施工时，工地主要领导及安全员应在现场亲自指挥和监督。吊钩的中心线必须通过吊体的重心，严禁吊卸构件倾斜。吊装偏心构件时，应使用可调整偏心的吊具进行吊装。安装的构件必须平起稳落，就位准确，与支座密贴。起吊大型及有突出边棱的构件时，应在钢丝绳与构件接触的拐角处设垫衬。起吊时，离开作业地面 0.1 m 后应暂停起吊，检查确认安全可靠后方可继续起吊。

预制场采用千斤顶顶升构件装车及双导梁、衍梁安装构件时，千斤顶在使用前要做承载试验，起重吨位不得小于顶升构件的 1.2 倍。千斤顶的一次顶升高度应为活塞行程的 1/3。千斤顶应随时加设或抽出保险垫木，构件底面与保险垫木间的距离应控制在 5 cm 之内。

架桥机安装构件时，在全幅宽架桥机吊装的边梁就位前，墩顶作业人员应暂时避开。架桥机的组拼、悬臂牵引中的平衡及机具的配备等，均应按设计要求进行。架桥机就位后，为保持前后支点的稳定，应用方木支垫。前后支点还应用缆风绳固定于墩顶两侧。

（二）就地浇筑上部结构中的安全控制

在钢筋混凝土或预应力混凝土就地浇筑时，应先搭设好脚手架、作业平台、护栏及安全网等安全防护设施。作业前，对机具设备、防护设施等进行检查，主要机具应经过试运转。施工中，应随时检查支架和模板，发现异常状况时应及时采取措施。支架、模板的拆除应按设计的拆除程序进行。就地浇筑水上的各类上部结构时，要按照水上作业的安全规定进行施工。

（三）使用悬臂浇筑法施工中的安全控制

悬臂浇筑法采用斜拉托架挂篮施工前应检查预埋件，如梁托和斜拉钢带是否符合设计要求；悬臂浇筑法采用桁架挂篮施工前应编制安全技术措施并进行安全技术交底，挂篮组拼后，要进行全面检查并做静载试验，以确保安全可靠。在墩上进行零号块施工并以斜拉托架做施工平台时，平台边缘处应设安全防护设施以保证作业时作业人员的安全。墩身两侧斜拉托架平台之间搭设的人行道板必须连接牢固，并定期进行检查。使用的机具设备，如千斤顶、滑车、手拉葫芦、钢丝绳等均应进行仔细检查，不符合安全规定要求的应严禁使用。

挂篮行走时要缓缓慢行，速度应控制在 0.1 m/min 以内。挂篮后部应各设一组溜绳以确保安全。滑道要铺设平整、顺直，不得偏移。使用水箱进行平衡重施工时，其位置、加水量等应符合设计要求。其给水设施和方法应稳妥可靠。

（四）使用悬臂拼装法施工中的安全控制

在采用悬臂拼装法施工时应根据梁体种类、长度、形状及现场条件选定安装方法和吊装机具设备。两端拼接时，凿毛应在地面或船上完成。涂刷胶结材料时，作业人员应采取安全防护措施。

采用龙门架或起重吊机进行悬臂拼装时，吊机的定位、锚固应按设计进行。拼装使用的机具设备均应经过认真检查，如有隐患或不符合安全规定，则不得使用。构件起吊前应对构件进行全面检查，并对查出的问题和不安全因素进行妥善处理。构件应垂直起吊，并保持平衡、稳定。构件在接近安装部位时，不得碰撞已安设好的构件和其他作业设施。运送构件的车辆应平稳行驶，道路应平整，构件应安放牢靠。

（五）使用缆索吊装法施工中的安全控制

吊装前应采取安全措施，并对施工人员进行安全教育和安全技术交底。安装时要有统一的指挥信号。登高操作人员应携带工具袋，并系上安全带，且安全带不得挂在主索、扣索、缆风绳上面。

缆索吊装所使用的缆绳、主索、扣索、卷扬机等器具均应进行严格检查，发现问题时应及时处理。牵引卷扬机启动要缓慢，行进速度要平稳。在构件吊运时，应控制好构件在空中的位置。在缆索跨越山区高速公路、铁路时，应搭设架空防护支架。在靠近街道和村屯的地方应设置警告标志。在主航道上空吊装重大构件时，宜采取临时封航措施。

（六）顶推及滑移模架法施工中的安全控制

桥一端的桥台后方应沿桥轴线方向分段预制箱梁节段，各节段应用预应力钢丝连成整体。在顶推过程中，梁自重产生的拉应力由纵向预应力钢丝承担。为减少顶推过程中的悬臂弯矩，应在梁的前端设置钢导梁，其长度一般为顶推跨径的60%。顶推至设计位置后方可开始落梁，并用正式支座替换滑移支承，然后按设计要求对全梁施加预应力。

采用顶推法施工时，桥台后面应设有足够的预制场地，且应平整、无杂物，工具和材料等应随时堆放整齐，运输道路应保持畅通。顶推施工所用的机具设备、材料（如拉毛器、工具锚、连接件、油压千斤顶、高压油泵、油管、压力表及滑动装置等）在使用前应全面检查，不符合规定要求的不得使用。顶推施工中，主梁在最大悬臂状态下产生的挠度值应通过计算确定，以便施工时进行严格控制。顶推中墩顶的反力和顶推力也应通过计算确定，并换算为千斤顶油压表的读数，以便进行控制。在落梁完毕、拆除千斤顶及其他设备时，应先用绳索拴好设备，再用吊机吊出。绳索必须认真检查，必须牢靠。吊运时应注意缓慢操作，避免撞击梁体。梁体进行荷载试验时应按设计布置。重物应轻放，以防止碰伤人员。

滑移模架是自行滑移的钢梁模架，可整孔全断面浇筑混凝土，具有整体性能好、安全、迅速等优点，且不需在桥下设支架、不受桥下通航限制。在通车的山区高速公路或铁路线上采用顶进涵管施工时，应调查通过施工部位的交通量、涵管穿越部位土体的承受能力、受震动后土体的稳定性等情况，并综合考虑土质、水文条件及覆盖土的厚度，采取一定的安全措施。顶入工作坑的边坡位置应视土质情况而定。靠铁路、公路一侧的边坡，其上端距铁路或公路路面边缘的距离不得小于 2.5 m。工作坑的后背墙（后背梁）应采取安全防护措施。

（七）转体法及拖拉法施工中的安全控制

在采用转体法修建大跨径拱桥时，应建立统一的指挥机构并备有通信联络工具。转体法有平转和立转两种方法，一般采用平转法。采用此法时桥台附近必须有适合预制和转体的有利地形，施工时可搭设简易支架或拱架。应在桥台处设置转盘，转动设施必须精心设计和制作，悬臂体应转动灵活，但必须符合安全施工的要求，转体时悬臂端应设缆风绳。

环道上的滑道，其平整度应严格控制。在上下游拱肋同时作配重转体时，应采用型号相同的卷扬机，同步、同速、平衡转动。施工时，锚碇设施应在检查符合设计要求后方可进行平转作业。

使用万能杆件或枕木垛进行滑道支撑时，其基础必须稳固。枕木垛应垫密实，以确保使用过程中的安全。在梁体及构件运行时，滑道应按设计要求铺设。采用滑板和辊轴时，滑板应铺设平稳。在梁体、构件拖拉或横移到达前方墩台时，应采取引导措施，以使辊轴进入悬臂端的滑道内。

（八）斜拉桥、悬索桥施工中的安全控制

斜拉桥和悬索桥（吊桥）的索塔施工属于高处或超高处作业。施工时应根据结构、高度及施工工艺的不同，制定相应的安全施工组织设计、安全作业指导书（操作细则）。电气设备和线路的绝缘必须良好，各种电动机械必须接地，接地电阻不得大于 40 Ω。电气设备和线路检修前应先切断电源。施工现场要有防火措施并备有消防器材，电焊火花不得溅落在易燃物料上。

索塔分节立模浇筑前应搭好脚手架、扶梯、人行道及护栏。每层脚手架的缝隙处应设置安全网。两层间距不得超过 8 m。浇筑塔身混凝土时，应按规定挂好减速漏斗及保险绳，漏斗上口应堵严，以防石子落下伤人。塔底与桥墩的连接方式为铰接时，施工中必须对塔底进行临时固定。在塔身建筑到一定高度后，必须设置风缆。在斜缆索全部安装并张拉完成后，方可撤除风缆，恢复铰接。斜拉桥的塔底与桥墩固结时，脚手架必须在桥墩上搭设。当索塔与悬臂梁段同时交错施工、索塔分层浇筑时，脚手架不得妨碍索塔的摆动。

施工期间，应与当地气象台站建立联系，密切注意天气变化。在大风、雷雨天气，应立即停止作业。在高处作业时，风力应根据作业高处的实际风力确定。如未设风力测定仪，可按当地天气预报数值推测作业高处的风力。随着索塔的升高，防雷电设施必须跟上。在避雷系统完善之前不得开工。

在缆索套管内采用压注水泥浆防护时，水泥浆应从下往上压入。索塔超过 50 m 时，应分段向上压注，以防灌注压力过大，套管破裂伤人。悬索桥施工中，临时架设的工作索、牵引索安装完毕后，应对索具、吊具等进行全面、仔细的检查。索夹如采用高强螺栓旋紧，螺栓的拧合扭矩应经试验确定。斜拉桥主梁施工采用悬臂浇筑钢筋混凝土或预应力混凝土悬臂拼装梁体、顶推法、转体法或其他方法施工时，应遵照对应的安全控制要点。

（九）钢桥施工中的安全控制

钢梁杆件的组装应在平整的作业台上进行，其基础应有足够的承载力。浮运吊装作业应按照水上运输和起重吊装作业安全控制要点进行。浮运钢梁时，桥位附近应设有拼梁和布置滑道的场地。钢梁应从下游逆水进入桥孔。

采用悬臂拼装法安装大跨径钢桥时，可按照悬臂拼装法施工安全控制要点进行。钢梁上的各种电动机械和电缆线、照明线路等必须绝缘良好，应有专人值班进行管理。拼装杆件时，应安好梯子、溜绳、脚手架。斜杆应安装保险吊具，杆件在起吊时，应先提升 0.3 m 左右，确认安全后再继续起吊。实施装拆脚手架、上紧螺栓、铆合等作业时应上下交替进行。在杆件拼装对孔时，应用冲钉探孔。架梁用的扳手、冲钉及螺栓等物应用工具袋装好，严禁抛接。在通航的江河上施工时，应与当地的港航管理部门联系，取得许可证，并按照水上作业的有关安全控制要点进行作业。

第四章 桥梁工程试验检测

第一节 桥梁工程试验检测概述

一、桥梁工程试验检测的任务、目的及分类

（一）桥梁工程试验检测的任务

桥梁工程试验检测是一门直接服务于工程实践的技术学科，涉及桥梁设计计算理论、施工方法工艺、建筑材料及用量、检测测试技术、仪器仪表性能、数理统计分析、现场试验组织等各方面，具有较强的综合性、应用技能性和复杂性。

桥梁检测主要是通过检查，掌握桥梁的缺陷和损伤的性质、部位、严重程度及发展趋势，弄清出现缺陷和损伤的主要原因，以便能分析、评价既存缺陷和损伤对桥梁质量、使用承载能力的影响，并为桥梁维修和加固设计提供可靠的技术数据和依据。因此，桥梁检查是桥梁养护、维修与加固的先导工作。

一般情况下，桥梁工程检测分 3 个阶段进行：准备规划阶段、加载观测阶段和分析总结阶段。

1.准备规划阶段

根据检测项目及目的，准备规划阶段主要工作内容包括资料准备、器械准备和编制桥梁检测方案等。

2.加载观测阶段

加载观测阶段又称桥梁外业检测阶段，主要工作内容包括桥梁外观病害检查、桥梁结构材料检测和桥梁荷载试验。该阶段是整个检测过程的中心环节，应按照设计的检测方案与程序，运用各种观测仪器进行桥梁质量检测。

3.分析总结阶段

该阶段对原始检测记录进行综合分析，对大量的数据、图形、图像进行处理，去伪存真，去粗取精，提取有价值的资料，并编写桥梁检测报告。桥梁检测报告一般包括试验与检测概况、试验目的、试验对象简介、试验方法及依据、试验情况及问题、试验成果处理及分析、技术结论、附录。

对桥梁的检测要由表及里、由浅入深地进行，只有这样才能全面了解和判断桥梁的实际工作状况，为桥梁的日常养护和加固维修提供科学的依据。

（二）桥梁试验检测的目的

通过检查掌握桥梁的技术状况，以及缺陷和损伤的性质、部位、严重程度、发展趋势，弄清出现缺陷和损伤的主要原因，以便能分析、评价既存缺陷和损伤对桥梁质量、使用承载能力的影响，并为桥梁维修和加固设计提供可靠的技术数据和依据。

1.对桥梁结构材料状况的评价结论

根据桥梁结构材料的检测结果，对桥梁结构材料的现行状况进行分析，并给出明确的评定结论。其重点是混凝土强度、钢筋锈蚀和桥梁外观破损情况。

2.对桥梁承载力的评价结论

对桥梁的现行承载力进行评定，给出明确的结论。

3.对桥梁工作状态的预测和建议

对桥梁检测结果进行分析，预测桥梁今后的工作状态，指出发展趋势，为桥梁养护提供建议。

（三）桥梁试验检测的分类

在实际工作中，桥梁试验检测的种类有很多，根据试验的目的和要求，可将桥梁试验检测分为科学研究性试验与生产鉴定性试验。

科学研究性试验的目的是建立或验证结构设计计算理论和经验公式，或验证某一结构理论体系中的科学假设的可靠性，探索桥梁检测的新理论、新方法、新技术，为建立新结构、新工艺、新规范提供依据。科学研究性试验一般把结构或构件的主要影响因素作为试验参数，试验结构的设计与数量均应根据具体的研究目的来确定。根据实际情况，试验可在原型结构上进行，也可在模型结构上进行。

科学研究性试验主要解决科研问题和生产中的开创性问题，针对性较强，在进行试件设计、决定测试方法、选择测量仪器时都要突出主要问题，因此一般多采用模型结构，在专门的试验室内进行，利用特定的加载装置，以消除或减轻外界干扰因素的影响，同时反映研究的主要因素。通过系统的模型试验，对测试资料数据加以分析论证，从而揭示出具有普遍意义的规律。生产鉴定性试验具有直接服务于生产实践的意义，一般把原型结构作为试验对象，在现场进行试验，根据一定的规范、标准，按照有关设计文件，通过试验来确定结构的实际承载能力、使用性能和使用条件，检验设计、施工质量，提出桥梁养护、加固、改建、限载对策。

生产鉴定性试验即狭义上的桥梁检测，包括静载试验、动载试验、无损检测与长期监控测试4个方面。在桥梁检测试验中，原型试验存在费用高、期限长、测试精度受环境影响大等不利因素，如对一些大型桥梁进行多因素的研究性试验有时是难以实现的。因此，结合原型桥梁进行模型试验是一种有效手段，可以更为全面地研究主要影响因素之间的关系，探索结构行为的普遍规律，推动新结构、新材料、新工艺的发展与应用。

根据试验对结构产生的后果，可将桥梁试验检测分为破坏性试验与非破坏性试验。通常而言，生产鉴定性试验多为非破坏性试验。但在某些情况下，为了达到预定的试验目的，也需要进行破坏性试验，以获得试验结构由弹性阶段进入塑性阶段，甚至破坏阶段时的结构行为、破坏形态等试验资料。原型结构的破坏试验虽然对于评价实际结构的质量、检验设计理论都比较直接可靠，但是在试验条件或技术上存在问题。因此，破坏试验一般以模型结构为对象，在实验室内进行，以便能够较为方便可行地进行加载、控制、测量、分析，从而总结出具有普遍意义的规律，并推广应用于原型结构。

按试验持续时间的长短，可将桥梁试验检测分为长期试验与短期试验。生产鉴定性试验和一般性的研究试验多采用短期试验方法，只有那些需要进行长期观测的现象，如混凝土结构的收缩和徐变性能、桥梁基础的沉降等，才采用长期试验方法。此外，大型桥梁结构或新型桥梁结构经常需要长期观测或组织定期的检测，以积累相关结构长期使用性能的资料。

二、桥梁工程试验检测的内容和依据

（一）桥梁工程试验检测的内容

1.按桥梁建设寿命周期分类

根据桥梁的建设寿命周期，桥梁试验检测包括施工准备阶段、施工阶段、施工完成后阶段，以及服役阶段的试验检测。

（1）施工准备阶段的试验检测项目

①桥位放样测量；

②钢材原材料试验；

③钢结构连接性能试验；

④预应力锚具、夹具和连接器试验；

⑤水泥性能试验；

⑥混凝土粗细集料试验；

⑦混凝土配合比试验；

⑧砌体材料性能试验；

⑨台后压实标准试验；

⑩其他成品、半成品试验检测。

（2）施工阶段的试验检测项目

①地基承载力试验检测；

②基础位置、尺寸和标高检测；

③钢筋位置尺寸和标高检测；

④钢筋加工检测；

⑤混凝土强度抽样试验；

⑥砂浆强度抽样试验；

⑦桩基检测；

⑧墩、台位置，尺寸和标高检测；

⑨上部结构（构件）位置、尺寸检测；

⑩预制构件张拉、运输和安装强度控制试验；

⑪预应力张拉控制检测；

⑫桥梁上部结构标高、变形、内力（应力）检测；

⑬支架内力、变形和稳定性检测；

⑭钢结构连接加工检测；

⑮钢构件防护涂装检测。

（3）施工完成后阶段的试验检测项目

①桥梁总体检测；

②桥梁荷载试验；

③桥梁使用性能检测。

（4）服役阶段的试验检测项目

①桥梁几何形态参数测定；

②桥梁结构恒载变异状况调查；

③桥梁结构构件材质强度检测与评定；

④混凝土中钢筋锈蚀电位的检测；

⑤混凝土中氯离子含量的测定。

2. 按桥梁检测工作程序分类

根据桥梁检测工作程序，桥梁检测分为准备阶段、桥梁外业检测阶段和分析报告阶段。其中，桥梁外业检测主要包括桥梁外观病害检查、桥梁结构材料检测和桥梁荷载试验。

（1）桥梁外观病害检查

根据《公路桥梁技术状况评定标准》（JTG/T H21—2011）、《公路桥涵养护规范》（JTG 5120—2021），对桥梁进行外观病害检查打分，其目的是对桥梁结构的外观损坏状况有一个初步的和基本的了解，并根据桥梁损坏状况打分、评定类别，为下一步桥梁结构材料检测提供依据。

桥梁外观检查共有10余项，检查方法主要是现场人工检测，根据损坏状况打分。检查重点是桥梁主要承重构件的裂缝和破损情况。

（2）桥梁结构材料检测

在桥梁外观病害检查的基础上，对外观损坏较严重的桥梁做进一步的桥梁结构材料检测，其目的是深入了解桥梁结构材料的工作状态及潜在的不利影响，并预测其发展趋势，为判断桥梁耐久性和可靠性提供技术依据。桥梁结构材料检测的重点是钢筋锈蚀检测和混凝土强度检测。

①钢筋锈蚀检测。检测内容包括钢筋锈蚀电位、混凝土氯离子含量、混凝土电阻率及混凝土碳化深度。钢筋锈蚀检测是指通过对钢筋所处环境情况和钢筋本身自然电位的检测，综合评定桥梁结构中的钢筋锈蚀状况。

②混凝土强度检测。主要采用回弹法或超声回弹综合法进行。混凝土强度检测是指通过用回弹仪检测混凝土表面回弹值，用超声仪检测混凝土内声速，再根据混凝土强度与回弹值，以及超声波在混凝土中的传播速度之间的关系，推算混凝土强度。采用回弹法时，要考虑碳化深度的影响。混凝土强度是进行桥梁结构评定的重要指标。

(3) 桥梁荷载试验（动静载试验）

在对桥梁进行外观病害检查和结构材料检测后，根据检测结果，对破损严重、结构材料状况差的桥梁进行桥梁荷载试验。其目的是通过对桥梁按设计荷载直接加载，测试桥梁在最不利荷载作用下的实际响应，以进一步分析和了解桥梁的工作状态，从而判断桥梁结构的实际承载能力。

利用动载试验可测定桥梁结构动力特性参数和在动力荷载作用下的强迫振动响应，确定桥梁在车辆荷载作用下的动力效应及使用条件。静载试验则根据不同桥型、不同设计荷载，按等效原则设计不同的加载工况，通过对桥梁实际加载，检测桥梁最不利截面的变形和受力状态，从而推断桥梁结构在荷载作用下的实际工作状态和使用承载能力。

桥梁荷载试验的方法是，在桥梁结构主要控制截面安装各种传感器，在规定荷载作用下，通过仪器记录桥梁受力和变形数据。

桥梁荷载试验的实施分为4个阶段：方案设计阶段、试验准备阶段、加载试验阶段和分析报告阶段。

①方案设计阶段：通过资料分析和现场勘察，编写出详细的桥梁试验检测方案，明确试验目的和具体试验内容，以指导桥梁检测。

②试验准备阶段：现场安装各种仪器设备。

③加载试验阶段：加载试验，采集数据。

④分析报告阶段：数据统计、计算和分析，编写桥梁检测报告。

（二）桥梁试验检测的依据

公路桥涵工程试验检测应以国家和交通运输部颁布的有关工程的法规、技术标准、施工规范和材料试验规程为依据进行。我国结构工程的标准和规范可以分为4个层次：

①第一层次：综合基础标准，如《公路工程结构可靠性设计统一标准》(JTG 2120—2020)，是指导制定专业基础标准的国家统一标准。

②第二层次：专业基础标准，如《公路工程技术标准》（JTG B01-2014），是指导专业通用标准和专业专用标准的行业统一标准。

③第三层次：专业通用标准，如《公路桥涵设计通用规范》（JTG D60-2015）。

④第四层次：专业专用标准，如《公路桥梁抗风设计规范》（JTG/T 3360-01—2018）。

三、桥梁工程试验检测的重要性

（一）有效保障施工质量

现阶段，桥梁工程试验检测已经成为保证工程质量的重要手段之一。试验检测工作可以对桥梁工程所涉及的所有施工材料、施工设备及完成的阶段工程进行审核，并得出相应的数据和信息，再结合现实中各种客观因素的影响，对整个桥梁工程的质量进行相应的预测，避免出现不必要的安全隐患，从而提升施工质量。

（二）有利于控制施工成本

现下的部分桥梁工程建设在施工成本的控制上，存在一定的不足之处。桥梁工程试验检测工作的积极落实，有利于对施工成本做出科学的管控，从而达到对工程质量的全面把握。

在实施桥梁工程试验检测后，可以对各项材料的应用效果、各项技术经济指标进行分析，并将预期设定的效果和具体工作的执行效果进行对比，如果没有达到预期，且施工成本较高，则应在下一个阶段的施工当中，改变施工策略，使成本尽可能地保持在合理范围内，避免成本过高给企业带来的风险。

(三) 有利于新技术的研发和推广

桥梁工程试验检测是评价桥梁工程质量的重要手段。在我国现阶段的桥梁施工建设中，一旦出现质量问题，不仅会造成安全事故，还会造成严重的经济损失。开展桥梁工程试验检测工作，一方面可以发现桥梁施工过程中的不足，并以此展开专项研究，进行分析处理，从而有利于新技术的发现与实施。另一方面，一项新技术的产生并不是仅仅提出理论就可以的，还需要有足够的试验数据作为依据，只有这样才可以得到行业的普遍认可，桥梁工程试验检测可以为新技术提供相应的数据支持，有利于新技术的研发和推广。

第二节 提高桥梁工程试验检测水平的有效措施

一、加强试验检测人员的培训

第一，定期开展专业技能培训活动。检测单位应根据检测人员的情况，积极组织开展专业技能培训工作。培训内容应包括桥梁工程建设中不同阶段的检测内容和检测方法，尤其是使用新试验设备的方法，以使检测人员能够熟练操作各种设备。

第二，鼓励检测人员进行自我学习。检测单位应鼓励检测人员进行自我学习，使其充分利用业余时间学习试验检测、数据处理、软件使用等方面的知识，并在实际检测工作中加以灵活应用。

第三，科学部署试验检测工作。为避免试验检测影响工程施工进度，检测单位应做好检测工作的科学部署，明确不同检测项目的负责人及小组成员，对检测工作进行合理分工。

二、完善检测仪器管理制度

桥梁工程试验检测工作需应用多种检测仪器，这些仪器的性能将显著影响检测结果，因此检测单位应及时完善仪器管理制度，要求检测人员认真落实仪器校准、保护工作，严格按照规范流程开展试验。试验完成后做好仪器的清洁工作，并将仪器保存在指定位置；采购先进的试验器材及设备。检测单位还应加大在试验设备上的投入，定期采购与更新试验仪器，使用先进的自动化和智能化仪器取代老旧仪器，并积极开展先进仪器使用培训，使检测人员掌握先进仪器的使用方法与技巧。

三、严格控制施工材料

在施工材料检测阶段，应对施工中所使用的原材料进行有效检测，包括水泥、沙子等，确保原材料检测合格之后再加以使用，如果检测不合格，则应退回并追回损失。在这一环节，需要配备专门的监督管理人员对整个过程进行监督管理，避免没有达到标准的施工材料进入施工现场；对于特殊的施工材料，必须严格执行各项检测标准，保证这些特殊材料能满足桥梁工程建设的要求。若在桥梁工程建设中采用了全新的技术方法，那么在桥梁工程正式开始施工之前，需递交试验报告，向监理机构证明桥梁工程建设使用的施工材料符合要求。

四、完善试验检测制度

为督促试验检测人员认真开展检测工作，检测单位应制定明确的奖罚制度。检测单位应认真检查检测工作的质量，针对人为因素引起的错误，应给予有针对性的处罚，鞭策检测人员自觉规范行为，促进试验检测水平的提升。检测单位应认真落实试验检测监督制度，明确不同阶段监督人员的职责，要求监督人员到检测现场深入了解试验开展情况，及时指出试验检测存在的不足之处，并要求检测人员及时改正。

加强对试验检测结果的抽查，监督人员应根据试验检测项目，采取定期与不定期的方式对检测结果进行抽查，并将检测结果与规范要求进行对比，若试验检测结果误差大大超过规范允许的范围，则要求检测人员重新检测。检测单位应定期组织召开检测工作会议，认真听取各检测人员的汇报，分析其中存在的问题，讨论解决问题的方法，为后续检测工作的开展提供指导。

第三节　桥梁工程检测技术的发展

一、桥梁工程检测技术的发展现状

桥梁工程检测主要是指利用相关的方法和技术对桥梁的技术等级、容易出现问题的部位、出现问题的原因等进行综合分析，提供相应的资料和依据来解决实际问题。

（一）混凝土强度检测

混凝土强度检测手段主要有两种：无破损检测技术手段和半破损检测技术手段等。其中，无破损检测手段有回弹法、超声波法等，半破损手段主要有钻芯法等。每一种检测手段的原理都不同，都有各自的优点和缺点，所以在实际检测工作中，要根据桥梁的具体情况进行综合考量和选择，检测手段可以选择一种或者多种。

（二）混凝土缺陷检测

桥梁的主要用材是混凝土，所以混凝土的强度和结构等对桥梁的使用寿命会有很大的影响，在实际使用过程中，如果混凝土不合格，就会对桥梁的内部结构造成很大损害，进而导致其内部出现缺陷。对混凝土内部进行检测的方法主要有超声脉冲法和射线法，其中超声脉冲法使用最广泛。射线法在实际使用中穿透能力受限，而且对工作人员的负面伤害较大。因此，射线法在我国的实际使用范围较小。超声脉冲法已经非常成熟，在工程建设的实际使用中，效果较好，准确度也比较高。

（三）特殊零部件的检测

桥梁工程建设中有非常多的零部件，它们对桥梁的整体结构的稳定起着非常大的作用。不同的零部件有不同的检测标准，需要用到不同的检测工具，检测方法也不同。特殊零部件的检测主要用到混凝土保护层检测仪器、超声波检测仪器等。在特殊零部件的检测上，我国有自主研发的技术，检测准确度较高。

二、桥梁工程检测技术的发展趋势

（一）桥梁工程无损伤检测技术的发展趋势

20 世纪 90 年代后，随着传感技术以及计算机技术的快速发展，桥梁工程检测方面也涌现出一大批新的检测方法。桥梁工程的无损伤检测技术也迅速朝着智能化、系统化的方向发展。这突破了以往桥梁工程检测必须依赖检测人员现场目测，以及动静载试验对桥梁进行有损伤检测的局限性。

近年来，致力于桥梁工程检测的研究人员提出了许多成功的方法用于对桥梁进行非破坏性评估。一些研究人员发现结构的动力响应是整体状态的一种度量，当结构的质量、阻尼特性以及刚度发生变化时，以结构振动模态为权数，对桥梁结构损伤前后的模态化量进行加权处理，能有效实现对单元损伤的识别和定位。可以预见，振动模态分析技术的高速发展必将为桥梁结构的安全检测开辟出新的途径。

（二）先进技术的发展动向

第一，桥面板检测系统的发展，主要依赖地面渗透雷达、双带远红外热成像系统等技术的不断发展完善。

第二，锈蚀探测和评估技术的发展，主要依赖以埋入式锈蚀微传感器、磁漏探测技术为标志的以"磁"为基础的测量系统的不断发展完善。

第三，桥梁管理系统和健康监测系统。我国桥梁管理系统和健康监测系统的研究与应用始于 20 世纪 90 年代，依托我国大规模基础设施建设的背景，桥梁管理系统和健康监测系统在我国得到了广泛的应用。

第四，疲劳裂纹探测和评估系统的发展，主要得益于微波探测和定量分析系统、新型超声波和磁分析仪系统、便携式声发射系统、热成像系统、无线应变测量系统、电磁声发射传感器、无源疲劳荷载测量设备等技术的不断发展完善。

第四节 桥梁工程检测新技术的应用

一、光纤传感技术在桥梁工程检测中的应用

（一）光纤传感技术应用于桥梁工程检测的主要优势

在桥梁工程的传统质量检测中，电检测技术使用较为普遍。由于采用基于"应变－电量"的检测技术，因此测定环境因素易对检测结果产生影响。若测定环境中的空气湿度较大，则易使电阻增大而引发短路，从而对检测结果的准确性产生一定程度的影响。而光纤传感技术主要利用光信号，不仅对桥梁结构不会产生较大损害，而且还使其抗干扰能力提高，使检测结果具有较高的准确性。但是，光纤传感技术容易受到电磁场、温度及压力等一些因素的干扰。在桥梁工程检测中，光纤传感技术的主要优势在于：一是操作便捷，具有较明显的抗干扰性。电磁波或噪声等一些因素对光纤传感器产生的光信号不产生干扰作用，对于确保可靠的测定结果更有利。二是光纤具有较强的柔韧性，可与桥梁结构有效结合，并优化光纤传感器外观形状。三是检测的频带明显增大，动态响应范围进一步扩大，能够与各种条件下的检测方式相适应。

（二）光纤传感技术在桥梁工程检测中的常见应用形式

1.应用于桥梁结构振动检测

桥梁振动是评估桥梁结构稳固性和可靠性的重要指标，也是桥梁质检中常

用的检测指标。将光纤传感技术应用于桥梁振动检测，可有效获得结构振幅、频率等整体或部分桥梁工程的振动参数。

应用光纤传感器对桥梁振动进行实际检测的主要原理是：在桥梁表层或内部附着或埋置光纤，使光纤随桥梁结构振动而发生相应变化，检测指标会根据光纤传感器终端发出光的某些特定参数发生周期性变化，从而使光电检测器获得的光强也相应地发生周期性变化。此时，处理系统分析所接收的振动信号，并使用快速傅里叶变换法得到桥梁结构的振动周期、频率等数据。利用桥梁结构的振动检测数据，可直观评估桥梁结构的稳固性，大大提高结构振动检测的有效性。

2.应用于桥梁结构应力检测

应力（应变）指标是评估桥梁结构稳固性的又一重要指标，也是评价其安全性的重要指标。目前，检测桥梁结构内应力的常用检测器材有各种光纤传感器，如检测桥梁结构分布应力情况的布拉格光纤光栅传感器，检测局部桥梁工程应力的F-P光纤传感器，等等。该检测方法可测量不同车辆以相同速度通过桥梁时桥梁内部的应力变化情况，有利于评估桥梁结构的稳固性和道路行车的安全性。

3.应用于钢筋混凝土结构检测

钢筋混凝土是建造桥梁的重要材料，长期使用后会受到侵蚀，产生裂缝等。钢筋混凝土裂缝根据宽度可分为贯穿裂缝和深裂缝。其中，贯穿裂缝会对桥梁结构的整体稳固与安全产生不利影响，进而对桥梁结构的整体承载能力造成严重影响。

根据相关研究可知，工程结构损坏是结构损伤累积到一定程度的一种表现形式，也可能是桥梁内部结构损伤达到一定程度后形成裂缝，从而影响桥梁结构的稳固性和安全性。

将光纤传感技术有效地应用于钢筋混凝土检测中，从整体上实现分布式检测，有效解决了传统电检测过程中对空间的整体控制缺乏连续性的问题，且不会出现险情漏报或漏检等问题。另外，在钢筋混凝土结构检测过程中使用光纤传感技术，可最大限度地保证有关数据输出的稳定性和真实性。光纤传感器与光纤传输系统组成一体化的自动遥测系统，能及时发现并解决桥梁钢筋混凝土结构中存在的问题，极大地提高了钢筋混凝土结构检测的质量和效率。

4.应用于桥梁健康度检测

桥梁健康度检测，主要是指检测桥梁结构在日常使用过程中的极限承载力和钢筋裸露等质量问题。检测桥梁结构的极限承载力，可有效确定桥梁运输通过的上限，降低交通安全事故发生的概率。

在实际检测过程中，需对被检测桥梁逐渐施加适当的压力，直至相应压力达到设计规定的桥梁结构极限承载力为止，注意将相应的极限承载力维持在一定范围内并保持一定时间。若在此时间范围内，桥梁结构未出现任何质量问题，如没有扩大结构缝隙等，则表明被检测桥梁结构可正常承受极限承载力，或原有桥梁结构的承载性能未明显下降。反之，若桥梁结构裂缝明显扩大或桥梁结构弯曲损害严重等，则表明被检测桥梁结构存在严重的质量问题，极限承载力明显下降，需及时采取有效检修和维护措施对其进行防护，以保证其整体结构的稳定。另外，桥梁健康度检测的另一项内容是钢筋裸露等病害，同样也可借助光纤传感技术检查桥梁钢筋承重性能是否有较大变化等。

5.应用于桥梁其他方面检测

除以上几方面的应用外，光纤传感技术还可检测桥梁受力结构附件情况，如检测吊杆或主缆等，借助这些方面的检测，可以更全面地掌握桥梁结构的安全性；对桥梁结构中设置的各种预应力锚固构件的质量和使用性能进行有效检测，包括锚杆、锚索等。灵活应用光纤传感技术，可以掌握这些构件的分布变化情况、大小情况等，从而更好地了解桥梁结构本身的使用性能。

二、新型无人机检测技术在桥梁工程检测中的应用

（一）新型无人机检测技术的主要优势

与传统无人机相比，新型无人机的主要优势包括以下几点：

第一，质量较轻。有关研究显示，通常情况下，新型无人机的起飞重量可控制在 20 kg 以内，飞行更加灵活。

第二，单价较低。通常情况下，新型无人机的单价在 1 万～100 万美元，其中有近四分之一的新型无人机单价不超过 10 万美元，甚至有些新型无人机的单价不足 1 万美元。

第三，机动性强。有关研究显示，新型无人机的过载量可以超过 4 kg，具有更好的机动性。

第四，适应性强。新型无人机起升和降落的方式更加灵活多样。新型无人机可通过母机带动、手挪、滑跑、弹射等方式起升，以伞降、拦截网等方式降落，适用于各种地形环境。

第五，安全性高。新型无人机在恶劣复杂的环境条件下也能起飞，甚至能够在化学危害区、生物危害区内工作，具有更高的安全性。

（二）桥梁工程检测中新型无人机检测主要技术分析

新型无人机检测技术，包括异形检测无人机、中继无人机、多旋翼无人机以及建筑信息化模型地面站系统等。

1.异形检测无人机

异形检测无人机具有比较特殊的结构，可以对桥梁外部进行有效检测。在具体应用中，首先需要在无人机前段设置两个固定臂，使其方向向前，然后将滑轮、舵机置于固定臂上，再将摄像设备安装到两个固定臂中间，进而可有效解决传统无人机拍摄不能覆盖垂直面的问题。将八轴形式的动力系统作为无人

机飞行驱动系统,即使是在强风条件下,也可以实现其飞行方向的有效调整。在异形检测无人机的旋翼顶端覆盖防护网,可使其紧贴桥梁底部进行拍摄。另外,将 GNSS 模块(一种集成了全球卫星导航系统接收器和相关电路的电子设备)配备在异形检测无人机中,可通过软件对其多路导航进行设置。通常情况下,异形检测无人机的飞行测量精度在 1 cm 以内,且对磁干扰具有很强的抵抗能力,为桥梁工程检测拍摄奠定了良好的技术基础。

2.中继无人机

中继无人机的主要功能是实现 GPS(Global Positioning System,全球定位系统)信号的进一步增强,同时也可以对磁罗盘等进行校准。在桥梁检测中,中继无人机的应用可有效防止来自桥梁底部信号的丢失,并有效抵抗桥梁底部的强烈磁场干扰,确保测量精度。

3.多旋翼无人机

多旋翼无人机是新型无人机中最常见的一种类型。目前,桥梁工程检测中应用较多的是四旋翼无人机。此类无人机的电机通常通过电调来直接驱动,且能够通过电调发送 PWM(Pulse Width Modulatio,脉冲宽度调制)信号的形式进行电机转速控制,其发射信号的高电平宽度越大,电机转速也就越快。具体工作中,可将所有旋翼的升力总和设为 FA,将无人机承受的重力设为 FG。在多旋翼无人机起升和降落时,通过对四个旋翼转速进行调整,便可改变多旋翼无人机的起升力。如果 FA<FG,多旋翼无人机便会下落;如果 FA>FG,多旋翼无人机便会起升;如果 FA=FG,多旋翼无人机便会悬停。通过这样的方式,便可对多旋翼无人机的运行状态、拍摄内容以及拍摄角度进行灵活控制。

4.建筑信息化模型地面站系统

建筑信息化模型地面站系统是将 BIM(Building Information Modeling,建筑信息模型)技术作为基础而建立的一种信息化模型。该系统的应用,不仅可以为新型无人机检测的安全性提供保障,同时也可以将新型无人机航摄获取到的二维照片转变为三维模型,从而对桥梁建筑外表面损坏和病害情况进行更好的检测。就目前来看,Pix4D 系列建模软件是新型无人机检测中常用的建筑信息化模型地面系统软件,对该软件及其配套设施加以合理应用,可取得全天候、无限制的桥梁检测效果。在具体应用中,可将信息检测模型建立在 3D 模型的基础之上,提前将相应的数据信息导入该软件中,便可实现桥梁工程建筑模型的科学建立;对于需要重新拍摄的内容,在获取之后,只需要再次导入该模型中,便可在不需要修改其他有效数据的基础上实现桥梁建筑模型的精确建立,从而实现高精度桥梁检测数据的获取。

(三)桥梁检测中的新型无人机检测技术应用案例

案例中需要检测的某大桥于 2014 年建成,其主桥是(35+35+158+40)m 形式的独塔空间索面混合梁斜拉桥,桥面标准宽度是 35.5 m,桥塔总高度是 111 m,桥面南北方向总坡度最大值均为 4.2%,设计时速为 40 km,汽车荷载设计为公路 I 级,抗震设防烈度设计为 7°。本次桥梁检测主要对该桥梁钢结构涂层情况、斜拉索螺栓缺失或松动情况以及路面缺陷情况进行检测,以此来为该桥梁的维修提供参考依据。

在桥梁检测的过程中,相关单位的工作人员一定要将项目概况、检测任务、检测技术需求等作为依据,结合现场实际情况,对新型无人机检测技术加以合理应用,有效发挥出该技术的优势,实现测量结果的科学准确获取。以下是本次桥梁检测中新型无人机检测技术应用步骤。

1.无人机选择

本次检测中,选择的无人机为大疆 M200 型四旋翼无人机飞行器,搭载大疆 Z30 型摄像头进行桥梁检测。表 4-1 是大疆 M200 型四旋翼无人机的主要技术参数,表 4-2 是大疆 Z30 型摄像头的主要技术参数。

表 4-1 大疆 M200 型四旋翼无人机主要技术参数

序号	项目	参数
1	最大起飞重量	2.3 kg
2	最长飞行时间	38 min
3	最大上升速度	5 m/s

续表

序号	项目	参数
4	最大下降速度	3 m/s
5	最大水平飞行速度	23 m/s
6	最高飞行海拔	3 000 m
7	可承受最大风速	12 m/s
8	工作环境温度	−20～45 ℃

表 4-2 大疆 Z30 型摄像头主要技术参数

序号	项目	参数
1	有效像素	213 万
2	聚焦移动时间	1.1 s
3	最小对焦距离	10～1 200 mm
4	曝光补偿	±2.3
5	抗闪烁	50 Hz～60 Hz
6	电子快门速度	1/6 000～1/30 s

2.无人机本身检测与航线规划

为确保无人机航摄效果，在起飞之前，首先需要安排 2 名专业技术人员对无人机的机身及其摄像头进行检测，使其整体重量得到科学控制，并确保无人机和摄像头的状态满足实际检测工作的需求。对于存在问题的参数，应及时做好调试。同时，也需要根据桥梁工程的实际情况与特征，对无人机测量航线进行合理规划。通过这样的方式，为桥梁工程的无人机检测奠定良好基础。

3.桥梁外观检测

在运用新型无人机检测技术进行桥梁检测的过程中，针对不同的航线，采用的拍摄方式也不同，且照片重叠率需要控制在 90% 以上。以下是该桥梁各个部位的无人机拍摄方式：

第一，在桥梁上空拍摄时，镜头始终朝向桥体，每一个航点都需要拍摄 1

张照片，其倾斜角度控制为45°，环绕半径控制在20～50 m，环绕高度控制在15 m、45 m、75 m。

第二，在桥梁两侧拍摄时，镜头始终朝向桥体，每一个航点需要拍摄3张照片，其倾斜角度分别控制在−30°、0°、30°，航线水平和垂直间距应控制在5～10 m。

第三，在道路上空拍摄时，镜头应始终朝向路面，每一个航点需要拍摄3张照片，其倾斜角度分别控制在30°、60°、90°，无人机与拍摄点之间的距离控制在10 m，航点间距控制在3 m。

第四，在斜杆四周拍摄时，镜头需要始终朝向斜杆，每一个航点水平拍摄1张照片，航点间距控制在5 m。

整个检测过程可在地面控制终端实时查看，当电池电量偏低时，无人机会自动返航，待更换电池之后再继续从断点位置续航。

本次检测共花费了2.2 h，共检测8条路径。检测中，无人机更换电池次数为6次，拍摄获取到的有效照片超过1 000张。

4.桥梁病害图像识别

利用新型无人机航摄技术获取该桥梁工程的测量图像之后，无人机会将获取到的图像及时上传到地面终端系统。使用地面终端系统中的计算机软件，可对桥梁上存在的一些病害进行识别——借助云端智能技术，可对桥梁上的破损、锈蚀、裂缝等病害做出初期筛选。然后将相应的病害标注到图片上和后续建立好的模型中，其识别精度可以达到毫米级别。识别时，对于一些存疑的识别结果，专家需要在图片上做好标记，以便在后续维修中进一步核实。

5.桥梁建模

新型无人机飞行器在检测任务结束之后，会将获取到的所有图片都上传到云端服务器，并通过云端服务器对其参数进行设置，包括相应的传感器尺寸、文件大小、重建精度等。在完成相应参数设置之后，计算机便会自动进行图片的多视角三维重建，然后将图片和数据导入Pix4D建模软件中，而后对桥梁建筑的信息化三维模型进行构建。

6.检测结果处理和分析

在完成了桥梁工程的信息化模型建立之后，为实现新型无人机检测精度的科学评定，本次分析将几种主流地图测量参数和新型无人机检测结果模型参数进行了对比，包括桥体宽度对比、桥体长度对比以及桥体周长对比。表4-3为本次桥梁检测中新型无人机检测结果模型参数与几种主流地图测量参数的对比结果。

表4-3 新型无人机检测结果模型参数与几种主流地图测量参数的对比结果

序号	项目	桥体宽度测量	桥体长度测量	桥体周长测量
1	新型无人机检测结果	35.80 m	265.40 m	602.40 m
2	谷歌地图测量结果	35.80 m	261.31 m	595.51 m
3	百度地图测量结果	36.00 m	263.00 m	596.00 m
4	高德地图测量结果	36.00 m	264.00 m	600.00 m

通过实际应用发现，利用新型无人机检测技术进行本次桥梁检测，其测量精度可控制在厘米级别。为进一步确保新型无人机检测技术的测量精度，本次研究中，也将无人机测量结果模型参数和实际测量参数进行了对比。表4-4为本次桥梁检测中新型无人机检测结果模型参数与实际测量参数的对比结果。

表4-4 新型无人机检测结果模型参数与实际测量参数的对比结果

序号	项目	新型无人机检测结果	实际测量结果	测量误差
1	桥梁左侧楼梯宽度	230 cm	230 cm	0 cm
2	桥梁右侧楼梯宽度	220 cm	218 cm	2 cm
3	桥梁左侧围栏高度	103 cm	106 cm	3 cm
4	右侧楼梯围栏高度	111 cm	112 cm	1 cm
5	围栏外侧平台宽度	355 cm	352 cm	3 cm
6	非机动车道宽度	292 cm	290 cm	2 cm
7	围栏和路灯杆间距	1 751 cm	1 755 cm	4 cm

通过上述对比可知，在本次桥梁检测中，通过新型无人机检测技术获得的结果与实际测量结果十分接近，其误差可控制在 5 cm 以内。由此可见，新型无人机检测技术在当今的桥梁检测中具有较高的可靠性与可行性。表 4-5 为本次新型无人机检测获得的主要病害数量。

表 4-5 新型无人机检测获得的主要病害数量

序号	病害问题	数量
1	螺栓松动	24 处
2	螺栓缺失	8 处
3	钢结构涂层缺陷	31 处
4	钢结构锈蚀	4 处
5	钢结构涂层明显开裂	14 处
6	路面裂缝	22 处
7	路面坑槽	7 处
8	路面车辙	2 处

除了对桥梁工程病害数量进行统计，新型无人机检测技术在对该桥梁工程进行检测之后，还可将所有的病害都明确呈现在桥梁建筑信息化模型中，包括病害的具体位置、大小、形状、严重程度等。通过这样的方式，新型无人机检测技术便可为该桥梁后续的运维养护工作提供科学、准确的数据支撑，从而进一步提升桥梁工程的维修养护工作质量。

第五章 桥梁工程原材料试验检测和桥梁承载力试验检测

第一节 桥梁工程原材料试验检测

桥梁工程项目的规划和建设，不仅有利于促进当地经济的快速发展，而且能够保证人们的出行安全。桥梁工程的建设质量，与原材料质量管理和控制息息相关。只有保证原材料的质量能够得到有效管理，才能够保证桥梁正式投入使用时的效果。因此，桥梁工程的原材料试验检测技术具有实质性的应用意义，可以实现对材料质量的管理和控制，这样才能够满足新时期背景下对桥梁工程项目的建设要求。

一、原材料试验检测技术在桥梁工程中的作用

（一）有利于延长桥梁的使用寿命

为从根本上促使桥梁的整体使用寿命得以延长，一般在设计环节，需要对其进行不断完善和优化，同时还要从根本上实现对招投标等诸多环节的材料管理和控制，将施工以及竣工等不同阶段作为出发点展开深入探究，以此来保证工程项目的整体建设质量。在项目建设过程中，要针对原材料质量进行试验检测，如果原材料的类型相对比较多，则要保证分类管理工作的及时开展，对不

同类型材料的性能要求以及具体参数等进行确定。更为重要的是，要顺应时代发展要求，合理利用先进的试验检测技术以及手段，对经济要素以及性能要素展开综合分析，以尽量减轻后续维护时的负担。

（二）有利于实现动态化监督管理

针对工程项目展开实时有效的监督和管理，尽量避免出现严重的质量安全事故。特别是在新时期背景下，需要对现代化管理理念展开综合分析，合理融合动态管理理念，实现原材料采购以及验收等相关工作的有序开展。原材料试验检测工作实施中，要保证为其动态化监督管理提供可靠依据。原材料试验检测技术在桥梁工程中的应用，有利于为现有诸多方案的设计以及应用提供可靠依据，保证管理工作整体实施效率得到有效提升。

二、混凝土试验检测技术

（一）水泥试验检测技术

1.标准稠度用水量、凝结时间和水泥标准稠度试验

水泥净浆对于标准试杆的沉入本身会产生一定的阻力，对不同水量下的水泥净浆展开试验分析，可以从中判断出不同水量对不同试杆阻力的影响，从而确定水泥净浆达到标准稠度需要用到的水量。标准稠度用水量确定之后，可以对水泥净浆的凝结时间进行确定，保证其在含水率方面能够体现出一定的层次性差异。结合目前标准稠度净浆的搅拌现状，要想实现有针对性的搅拌处理，就要对水泥净浆搅拌机进行合理利用。更为重要的是，要结合实际要求，对专用养护箱进行合理利用，这样才能够实现有效的养护处理。

对起始时间进行确定之后，要在水中加入对应的水泥，将其时间作为基础标准。一般在 30 min 之后，要有针对性地对凝固时间进行记录和分析。初始凝

固过程中，可以使用维卡仪进行辅助操作。在判断和分析初始的凝固时间时，可以直接对测试位置进行确定，通过多次试验，为初凝时间的合理性提供保证。为了最大限度保证终凝时间的有效测定，需要对蒸汽养护箱进行合理利用，以此来达到良好的养护处理效果。

在整个样品当中，还可用测试针插入对应的养护箱，深度控制在 0.5 mm 左右，促使其能够处于终凝的状态。更为重要的是，要在实践中通过对多次试验操作方式的合理利用，最大限度保证其自身终凝时间的准确性和有效性，尽量避免出现严重的误差。

2.安定性试验

在开展安定性试验检测工作中，为了保证试验检测效果，普遍会选用雷氏夹法，其在使用时的根本原理主要是针对测量试件所对应指针的位移量等进行观察和分析，同时对其中所提出的水泥标准稠度净浆体积膨胀的程度进行深入分析。一般在完成 1 d 的养护管理之后，可以针对雷氏夹指针尖端的距离展开有针对性的测定处理。对沸腾位置的样品进行处理时，沸煮时间一般可以控制在 3 h 左右，待其冷却之后，要对其展开有针对性的测定分析。由此可以看出，水泥自身的安定性可以满足实际要求。

（二）胶结材料试验检测技术

在尚未进行道路桥梁施工时，需做好施工准备工作，其中包含记录水泥等胶结原材料的各项指标，比如通过煮沸法判断水泥是否符合相关质量检测标准。一般而言，需严格控制水泥烧失量以及硫化物含量保持在 1%～4%。通过公式来计算含碱量。硅酸盐水泥中氧化镁的含量应小于 5.3%，在确定水泥的每项指标之后，通过相关测试保证上述指标的准确性，如果指标不够准确，就需及时停止使用原材料。一旦发现指标出现问题，需要在第一时间联系厂家，进行及时沟通协商。

在存储、运输石油沥青等原材料时，最重要的是做好防水工作，严格控制原材料的质量标准,严禁石油沥青中含水分。收集原料时应采用方孔筛选的方式,且需在指定的采石场进行粗筛。在粗筛时,一旦发现原料不符合质量标准,就需在第一时间调整施工情况。在收集原材料时,环境是至关重要的因素,在使用之前首先要观察周围环境是否符合干燥洁净的要求,以及原料的强度、耐磨性是否符合工程施工的要求。在开展集料的坚固程度检测时,需要将材料本身的性质及其质量作为检测标准。实施填料的过程必须保证满足施工设计需要,当主要添加材料为粉煤灰时,其塑性指数应保持在1%～3.8%,且烧失量的数值需保持在1%～11.8%。在保持数值时,首先,在数量上保证其符合建设施工的运行标准,要运用专业方法,测试沥青的黏结能力是否能够达到施工标准。其次,通过对沥青的性能展开研究,确定其是否符合工程标准。进行水泥胶砂测试期间,需将水分、水泥和标准砂按照适当的比例进行配比,通过搅拌水泥和水,制作胶砂。在完成胶砂试件模套的制作工序后,将胶砂放置在养护室中,24 h后进行脱模。最后再对完成脱模的试件质量进行测试,随后对测试结果进行整理归纳,记录其是否满足检测标准。

(三)结构性能检测技术

在进行桥梁工程施工时,需根据试验的技术开展检测,在实际检测期间要重视结构性能检测。在进行结构性能检测的过程中,对相关技术人员有很大的考验,需要动力、静力实验相互配合展开。这两种方式能够高效率且精确地对桥梁的受力程度进行测试分析。在检测结构性能时,相关技术人员需要灵活运用传统的检测方法,如超声波、红外线、自然电位检测等多种方式,通过展开桥梁试验等来达到促进技术发展的长远目标。相关技术人员在对各个阶段进行测试检查时,必须对相关的检测信息进行妥善处理,对数据进行科学合理的使用。当桥梁测试进行到下个环节后,首先要对基准是建模处理还是信号处理进行选择确定。同时,检测以多阶段展开,相关技术人员要熟悉传感器技术的运用方式,争取做到活学活用,保证检测数据的正确性以及检测结果的时效性。

（四）土工试验检测技术

1.颗粒组成试验检测

针对桥梁工程原材料质量展开检测时，颗粒组成试验是其中非常重要的组成部分之一。该试验检测技术能够针对土颗粒以及各种不同类型的集料等展开有效的检测和分析，保证整个试验参数以及结果的准确性和有效性。与此同时，还要对级配参数是否合理进行确定，为施工实践提供可靠依据。除此之外，在试验检测工作中，可以对土料的具体组成成分进行有针对性的检测和确定，以保证其可以满足施工规范要求。

2.击实试验检测

在针对土料的性能参数展开检测时，为了保证检测结果，通常会选用击实试验，对其干密度以及含水率进行准确有效的检测和分析。根据检测结果，可以对曲线关系进行有针对性的绘制和分析，最大限度地保证其中涉及的最佳含水率以及最大干密度可以满足施工的具体要求。在桥梁工程施工中，压实处理一直以来都是重中之重。确定最佳含水率以及最大干密度，可以为其提供可靠的检测依据，保证施工效果，为后续结构层施工提供可靠依据。

在整个击实试验过程中，要根据施工现场实际情况，在整个土样当中，增加适量的水，使试验样品的含水率符合要求，以提升压实效果。要使用专业的击实仪进行击实处理，以得到试验土样的干密度，并绘制相应的关系曲线。需要注意的是，在最大干密度时的含水率值，可以被看作曲线的顶点值，这样才能够确定最佳含水率。

三、钢筋位置、钢筋直径和保护层厚度的检测方法

（一）概述

各类桥梁混凝土结构中钢筋分布检测主要可分为钢筋种类和直径、钢筋数量和间距、钢筋位置和直径等项目。目前，常用的钢筋配置检测方法为电磁法，其基本原理为电磁感应。当探头探测面靠近钢筋或其他铁磁物质时，探头输出的电信号增加，该信号被放大及补偿处理后，由探测仪直接显示检测结果。根据实践经验，该仪器在确定钢筋位置及保护层厚度时比较准确，但在确定钢筋直径时有一定误差。当钢筋直径的检测结果涉及结构安全或对测试结果有争议时，应采用其他测试手段进行验证。

混凝土保护层与结构耐久性联系密切，是《混凝土结构工程施工质量验收规范》（GB 50204—2015）规定中重点检测的内容。钢筋保护层厚度检验，需要对重要构件，特别是悬挑梁和板构件，以及易发生钢筋位移、易露筋的部位，采用非破损（用先进的钢筋保护层厚度测定仪）或局部破损的方法检验。钢筋保护层厚度检测部位包括：主要构件或主要受力部位、钢筋锈蚀电位测试结果表明的钢筋可能锈蚀活化的部位、发生钢筋锈蚀胀裂的部位、布置混凝土碳化测区的部位。

无论是新建的还是旧混凝土结构，为了提高检测的精度，应尽可能地获得相关钢筋直径、保护层厚度及钢筋布置图等原始资料。

（二）仪具与材料技术要求

①钢筋探测仪：必须具有制造厂的产品合格证及有效的测试结果证书。除应具有测量、显示功能外，还应具有记录、存储等功能。

②钢筋探测仪应满足下列要求：

a.钢筋保护层厚度的测量精度应不大于 1 mm；

b.钢筋直径的测量精度应不大于 2 mm;

c.在钢筋最小净间距与钢筋保护层厚度之比不小于 1 的条件下,检测仪器应能够分辨相邻的钢筋;

d.应能在 $-10\sim+40$ ℃环境条件下正常使用。

③钢筋探测仪具有下列情况之一时,应进行校准:

a.新仪器启用前;

b.达到或超过校准时效期限;

c.仪器维修后;

d.对仪器测量结果表示怀疑时;

e.仪器比对试验出现异常时。

(三)方法与步骤

1.测试要求

①采用本方法时,钢筋最小净间距与钢筋保护层厚度之比应不小于 1;

②当钢筋保护厚度小于 60 mm 时,同一位置三次测定值的最大值与最小值的偏差应不大于 2 mm;

③钢筋检测时,应避开多层、网络状钢筋交叉点及钢筋接头位置;

④钢筋检测时,应避开混凝土中预埋设铁件、金属管等铁磁性物质;

⑤检测面应为混凝土表面,且应清洁、平整,当混凝土表面粗糙不平影响测量精度时,应使混凝土表面达到混凝土验收标准的要求后进行测量;

⑥钢筋检测时,应避开强交变电磁场(如电机、电焊机等)以及测点周边较大金属结构对检测结果的影响;

⑦混凝土中钢筋严重锈蚀时,不应采用电磁感应法检测钢筋保护层厚度;

⑧钢筋保护层厚度小于 10 mm 时,应加垫非铁磁性垫块进行检测;

⑨现场长时间工作时,为了提高精度,应在一段时间后,将探头放在空气中进行清零,以确保数据准确度。

2.钢筋位置与检测部位的确定

①初步确定钢筋位置：将探头放置在被检测部位表面，沿被测钢筋走向的垂直方向匀速缓慢移动探头，根据信号提示判定钢筋位置，在对应钢筋位置的混凝土表面处做标记，每根钢筋应至少用3个标记初步确定其位置。

②确定箍筋或横向钢筋位置：避开被测钢筋，在中间部位沿与被测钢筋垂直方向用第①条的方法检测与被测钢筋垂直的箍筋或横向钢筋，并标记出其位置。

③确定被测钢筋的检测部位：在相邻箍筋或横向钢筋的中间部位，沿被测钢筋的垂直方向进行检测。

3.钢筋直径的测定

①设计图纸不详，需要测定已有桥梁结构内的钢筋直径，或对工程中钢筋的直径有所怀疑时，可采用本方法检测钢筋直径；

②钢筋直径测量允许偏差为±2 mm；

③检测钢筋直径，应首先确定钢筋的准确位置；

④每一测点应重复测试3次，取最小值作为测量结果；

⑤钢筋直径应按测量结果和钢筋规格等级确定；

⑥检测钢筋直径时，应辅以其他测试手段进行验证，如采用局部剔凿确认。

4.钢筋保护层厚度的测定

①如果钢筋直径已知，应精确预置钢筋直径后再检测钢筋保护层厚度；如果钢筋直径未知，应测定钢筋直径后再检测钢筋保护层厚度。

②钢筋保护层厚度测量允许偏差应符合以下规定：

a.钢筋保护层厚度在40 mm（含）以下时，测量允许偏差为±1 mm；

b.钢筋保护层厚度在40～60 mm（含）时，测量允许偏差为±2 mm；

c.钢筋保护层厚度在60 mm以上时，其测量允许偏差应不大于钢筋保护层厚度设计值的10%。

③每一构件的钢筋保护层厚度检测应符合下列规定：

a.被测构件的全部受力钢筋，均应测定其钢筋保护层厚度，每一根钢筋应检测 1 点；

b.对每根钢筋测点，应选取有代表性的部位，且宜选在结构构件受力的不利部位；

c.测定多根钢筋保护层厚度时，应在被测构件的同一断面上进行；

d.每一测点应重复测试 3 次，取最小值为该测点的钢筋保护层厚度。

④钢筋保护层厚度的检测，可根据工程实际情况采用其他测试手段进行验证。

⑤单个测点钢筋保护层厚度合格判定：纵向受力钢筋保护层厚度的允许偏差，对梁类、柱类构件分别为＋10 mm、－7 mm，对板类、墙类构件为＋8 mm、－5 mm。

⑥钢筋保护层厚度检测结果中，不合格点的最大偏差不应大于第②条规定允许偏差的 1.5 倍。

（四）计算

钢筋位置、保护层厚度及钢筋直径的检测结果评定应按《公路桥梁承载能力检测评定规程》（JTG/T J21—2011）的规定执行。

（五）报告

报告应包含钢筋的位置、钢筋直径和该位置处的保护层厚度等测量数据，同时要包含这些数据的平均值。

第二节 桥梁承载力试验检测

桥梁承载力试验主要是一种通过桥梁荷载试验对桥梁结构物进行直接加载测试的特殊的科学试验工作，它是衡量桥梁结构所能承受的最大使用负荷的关键安全指标，是结构或构件在材料强度、结构刚度、稳定性和抗裂性等方面性能的综合反映。在对公路桥梁实施荷载试验用于检测和评定其承载能力和实际状况时，应遵循内外相统一的因果规律，通过由现象到本质、由表及里地深化认识和跟踪，从检测和现场荷载试验入手，寻求桥梁现状和承载力的定性关系，从而确定桥梁具体测试方案、测试孔跨及其测试部位，并按逐级加载的多工况实施静态测试，按不同车速进行动态测试。

一、荷载试验的目的、主要内容及试验环境

（一）荷载试验的目的

当通过检算分析尚无法明确评定桥梁承载能力时，应通过加载试验，测定桥梁结构在试验荷载作用下的结构响应，并据此确定检算系数，重新进行承载能力检算评定或直接判定桥梁承载能力是否满足要求，为桥梁结构技术状况及承载能力评定和日后养护、维修、加固的决策提供科学依据和支持。新建桥梁和进行加固或改建后的桥梁，可通过荷载试验来检验桥梁结构的正常使用状态以及承载能力是否符合设计要求。在对桥梁进行外观病害检查和结构材料检测之后，根据检测结果，对破损严重、结构材料状况差的桥梁进行荷载试验。

（二）荷载试验的主要内容

桥梁荷载试验按荷载类型可以分为静载试验和动载试验。静载试验是指通过在桥梁结构上施加与控制荷载等效的静态外加荷载，利用检测仪器设备测试桥梁结构控制部位与控制截面的力学效应的现场试验；动载试验主要是指测试桥梁结构或构件在动荷载激振和环境荷载作用下的受迫振动特性和自振特性的现场试验。

桥梁荷载试验的方法是，在桥梁结构主要控制截面安装各种传感器，在规定荷载作用下，通过仪器记录桥梁受力和变形数据。整个试验过程应遵循科学、客观、严谨、安全的原则。

桥梁荷载试验的实施分为4个阶段：方案设计阶段、试验准备阶段、现场试验阶段和分析报告阶段。

1.方案设计阶段

方案设计阶段主要收集和研究有关的设计原始资料、设计计算书、施工、监理及养护等方面的技术资料，需对桥梁结构进行实地考察以检查结构物的设计质量和施工质量，并需详细了解结构物的使用情况和当前技术状况或主要存在问题，在经过必要的检算后方可拟订试验大纲或方案。

2.试验准备阶段

试验准备阶段工作的好坏以及充分与否直接影响到试验能否顺利进行。特别是在现场鉴定性试验中，试验准备工作很复杂，工作条件也很差，即使极小的疏忽大意也会使试验不能取得预期的结果或使试验结果不够理想，因此切勿低估准备工作阶段的复杂性和重要性，应细致、认真地做好每一项准备工作。试验准备阶段工作应包括以下内容：

（1）资料准备

资料准备工作一般通过走访建设单位、管理单位及设计单位等，收集与桥梁荷载试验相关的技术资料。试验过程应收集的资料包括：

①设计资料：设计图纸、变更设计图纸和作为设计依据的其他原始资料。

②施工和监理资料：材料性能试验报告、各分项或分部工程验收报告等。

③施工监控资料：施工监控报告、成桥线形、内力（应力）、索力（杆力）等。

④竣工资料：竣工图纸、工程验收报告等。

（2）现场调查

主要调查桥梁结构的总体尺寸、主要构件截面尺寸、主要部位的高程、桥面平整度、支座工作状况、材料的物理力学性能，以及结构物的裂缝、缺陷、损伤和钢筋锈蚀状况等。

（3）测试孔选择

对拟试验桥联（座）进行现场踏勘和外观检查，选择代表性桥孔作为测试孔，同时应考虑便于支架搭设或检测车操作、加载方便、仪器设备连接容易实现等。

（4）方案编制

根据试验控制荷载作用下的结构内力、变位及结构基频等的理论计算结果，结合测试内容，按等效原则拟定试验荷载大小、试验工况、加载位置及方法、制定试验加载、测点布设及测试方案等。

3.现场试验阶段

现场试验阶段是整个试验工作的中心环节，应按照预定的试验计划进行各项具体的试验，运用各种配备得当的测试仪器和设备，观测结构受载后的工作状况，并记录观测数据和资料。应在加载试验中随时整理分析重要的测量数据并与事先估算的数值做比较，发现有反常情况时应及时查明原因，待问题弄清后才能继续试验。现场试验阶段工作应包括以下内容：

（1）现场准备

包括试验测点放样和布置、荷载组织、现场交通组织及试验测试系统安装调试等。

（2）预加载试验

正式实施加载试验前，应先进行预加载试验，检验整个试验测试系统工作状况，并进行调试。

（3）正式加载试验

按照预定的荷载试验方案进行加载试验，并记录各测点测值和相关信息。

（4）过程监控

监测主要控制截面最大效应实测值，并与相应的理论计算值进行比较分析，关注结构薄弱部位的力学指标变化、既有病害的发展变化情况，判断桥梁结构受力是否正常、再加载是否安全，确定可否进行下一级加载。

4.分析报告阶段

分析报告阶段主要包括两部分工作：一是将所有的原始资料整理完善，即原始资料的整理及归档；二是进行数据处理，即通过科学的分析处理，去伪存真，去粗取精。通过对试验测试结果的分析研究，应对试验得出的规律和一些重要现象做出解释，将试验结果和理论值进行比较，分析产生差异的原因并得出结论，写出试验总结报告，并提出试验中发现的新问题以及进一步的研究计划。分析报告阶段的具体工作应包括以下内容：

（1）理论计算

按照实际施加荷载情况对桥梁结构内力、应力（应变）和变形进行理论计算。必要时还应对裂缝宽度、动力响应等进行分析。

（2）数据分析

对原始测试记录进行分析处理，提取有价值的信息。

（3）报告编制

根据理论计算和对测试数据的对比分析，对试验结果做出判断与评价，形成荷载试验报告。

（三）荷载试验的试验环境

桥梁的荷载试验应安排在开放交通前进行，整个加载试验期间必须封闭交通，试验过程中禁止行人、车辆通行。

桥梁荷载试验期间，高温、强光、强风、大浪、高湿度等条件或冲击、振动、磁场等强干扰因素均会对试验的实施产生一定的影响。因此，荷载试验不宜在强风下进行，特别是悬索桥、斜拉桥、大跨径桁架拱桥及特高墩桥梁等，宜在风力3级及3级以下实施。而对处于风力较大地区的特大跨径桥梁，进行荷载试验时宜对风环境进行检测，不能满足试验要求时应暂停试验。

为了减轻温度变化对试验结果造成的影响，荷载试验应在气温平稳的时段进行。当气温低于5℃或高于35℃时，不宜进行荷载试验。当气温较低或较高时，应根据仪器设备正常工作的温度范围，确定是否进行荷载试验。同时，大、中雨及大雾天气也不宜进行荷载试验，在小雨天进行桥梁荷载试验时，应做好仪器设备及传输线路的防雨措施。

二、试验设备及技术要求

桥梁荷载试验参数主要包括静力参数和动力参数，二者分别由桥梁静载试验和动载试验测试而得。由于桥梁荷载试验是通过各类传感器记录荷载作用下桥梁的受力变形情况的，因此桥梁荷载试验仪器设备的选用和技术要求至关重要。测试设备应具备足够的量程和动态要求，同时也要满足精度的要求，应对所有被选用的仪器设备进行系统检查，逐一开机，从整机到通道，一一调试，逐个检查各类表具，保证现场所用的仪器设备质量完好，工作正常。

（一）静力参数测试设备

荷载试验测试的桥梁静力参数主要包括应变（应力）、变位、裂缝、倾角和索（杆）力。试验中需观察结构的反应，综合评判桥梁静力荷载试验下的结构响应，为桥梁承载能力评价提供依据。

1.应变（应力）

桥梁结构应变（应力）主要包括拉、压应变（应力）和主应力。应变（应力）测试设备可采用机械式应变计、电阻式应变计、振弦式应变计或光纤式应变计；测试用传感器可采用引伸计、电阻应变计、振弦式应变计或光纤应变计。

引伸计是机械式应变测试设备，采用该仪器测量应变时，可利用千分表 0.001 mm 的读数精度，将其装配成测试结构应变的千分表引伸计。采用电阻应变计测量时，应将电阻应变计粘贴在被测构件上，通过电阻应变测量装置，测得应变值。采用振弦式应变计测量时，应预先标定"力—频率"关系曲线，再通过钢弦自振频率变化测得应变值。采用光纤光栅应变计测量时，应标定光纤光栅周期或纤芯折射率与力或应变的变化关系，再通过光纤光栅周期或纤芯折射率的变化得到应变值。

桥梁结构应变的测量重点在于电阻应变片的布置，只有合理地布置电阻应变片，才能得到准确可靠的测量结果。电阻应变片的布置应根据现场温度、湿度等条件选择贴片及防潮工艺，尽量选用与观测应变部位相同的材料布置补偿片。补偿片应尽量靠近工作片位置，配置相应的应变测试分析系统。采用千分表观测结构表面应变时，在不影响观测的前提下，应尽量使千分表轴线靠近结构表面，以减小测试误差。振弦式应变计安装定位后，应及时测量仪器初值，根据仪器编号和设计编号做好记录并存档。光纤光栅应变计应与专用底座配套使用，采用特制的紧固螺钉将底座固定在结构表面，荷载试验结束后可拆卸重复使用。

2.变位测试

桥梁结构变位主要包括竖向变位（挠度）和水平变位。变位测试设备可采用机械式或基于电（声、光）原理的测试仪器。机械式测试仪器是指各种用于非电量测试的仪表、器具或设备。这类设备需人工读取测值，主要包括千分表、百分表、连通管和挠度计；电（声、光）测试仪器可自动记录测值，其精度高、更新快、量程也比较大，主要包括电测变形计、水准仪、经纬仪、全站仪、测距仪和机电百（千）分表。目前，也可利用卫星定位系统进行变位测试，可以极大地提高测试效率。

3.裂缝测试

桥梁结构荷载试验裂缝主要包括荷载试验前结构上的既有裂缝和试验中出现的新裂缝，裂缝的特征量包括长度、宽度、深度、走向和分布范围等。由于裂缝特征的表现形式复杂，一般用现场描绘结构表面的裂缝图来表示。

荷载试验前应对既有裂缝的长度、宽度、分布及走向进行观测、记录，并将其标注在结构上；应针对结构承受拉力较大部位及原有裂缝较长、较宽部位进行荷载试验，随时观测新裂缝的长度、宽度及既有裂缝发展状况，并描绘出结构表面的裂缝分布及走向。通常情况下，裂缝长度、分布和走向可直接观测得到。对于肉眼难以清晰观测到的裂缝宽度，可以采用刻度放大镜、裂缝计及裂缝宽度探测仪测量，必要时，可采用取芯法或其他无损方法测量裂缝的深度。裂缝测试设备技术要求如表5-1所示。

表5-1 裂缝测试设备技术要求

测量内容	仪表名称	最小分划值	常用测量范围	备注
裂缝	刻度放大镜	0.01 mm	—	—
	裂缝计	0.01 mm	200 mm	配置安装配件
	千分表	0.01 mm	0～10 mm	

4.倾角测试

静载试验测试倾角主要包括水平倾角和竖向倾角。通常采用的倾角测试设备主要包括水准式倾角仪、光纤光栅式倾角计、数显倾角仪或双轴倾角仪等。其测试设备技术要求如表5-2所示。

表5-2 倾角测试设备技术要求

测量内容	仪表名称	最小分划值	常用测量范围	备注
倾角	水准式倾角仪	2.5′	20′～1°	固定支架
	光纤光栅式倾角计	5′	±10°	配置安装配件
	数显倾角仪	1′	±1°～±18°	铁质安装界面
	双轴倾角仪	1′	±30°	配置安装配件

5.索（杆）力测试

桥梁索（杆）力应包括斜拉桥的斜拉索索力、中下承式拱桥吊索（杆）力、系杆力、悬索桥主缆缆力及吊索索力。

测试桥梁结构斜拉索、吊索（杆）、系杆力及主缆索力的索力时，先估算不同拉索的振动频率，选择频响特性合适的振动传感器（拾振器），将其绑扎在拉索上，采用环境随机振动或人工激振法使拉索振动，测出拉索的横向振动频率，经分析得出索力。由于减振器安装后会使得拉索自由长度减小，分析时应对索的长度进行修正。为与合龙索力比较，宜选择与合龙时温度一致的时段进行测量，其温差宜控制在±5 ℃范围内。

桥梁索力测量系统主要包括以下组成部分。

①测量系统一般由传感器、放大器、信号采集与分析仪器组成。

②传感器、放大器及信号采集与分析仪器应有足够的灵敏度，可测量索在自然环境激励或人工激振下的横向振动信号。

③测量系统的频响范围应能满足不同索的自振频率测量要求，其带宽应充足。

④信号采集与分析仪器，应有抗混叠滤波和频率分析功能，频率分辨率应至少达到 0.01 Hz。

测试过程中的注意要点包括：

①可采用随机环境激励的测量方法采集索在环境激励下的振动信号。当测试系统灵敏度不够时，可采用人工激振。

②测量时应临时解除索的外置阻尼器。

③传感器应采用专用夹具或绑带固定在索股上，安装位置宜远离索股锚固端，测量索的面外横向振动。

④采样频率应大于或等于索股第 5 阶自振频率的 5 倍，宜不低于 100 Hz。记录时间宜大于 5 min。现场采集数据时应注意观察信号质量。

⑤一般采用自谱分析方法获取索的多阶自振频率，宜获取前 5～10 阶自振频率。应按随机信号处理的规定合理选取分析数据长度、分析带宽、谱线数、

重叠率、窗函数及谱平均次数等分析参数,以减少分析误差,并具有不大于 0.01 Hz 的频率分辨率。

⑥应判断实测自振频率的阶次及漏频情况。可根据实测的多阶自振频率中相邻阶的频率差值来判断。当各相邻阶的频率差值近似相等,且和测得的第 1 阶频率接近时,不存在漏频现象;否则,存在漏频现象。

(二)动力参数测试设备

桥梁荷载试验测试的动力参数主要包括结构自振特性参数和动力响应参数。结构自振特性参数,也称动力特性参数或振动模态参数,主要包括结构的自振频率(自振周期)、阻尼比和振型。桥梁动力响应参数指桥梁在特定动荷载作用下的动应力、动挠度、加速度、动力放大系数、冲击系数。

1.结构自振特性参数测试

桥梁结构自振特征参数包括结构自振频率(自振周期)、阻尼比和振型。测试自振特征参数的测试设备包括拾振器、放大器及记录仪等。测量桥梁振型时,要事先分析理论振型,测点数目要足以连接曲线并尽可能布在控制断面上。由于每次试验用的拾振器数量总是有限的,所以要在桥上选择合适的参考点(可将一个拾振器放在参考点上始终不动),分批搬动其他拾振器得到所有测点,用放大特性相同的多路放大器和记录特性相同的多路记录仪,同时测记各测点的振动响应信号。因为振型是考虑同一时刻波形的幅值和相位差得到的,所以测量前要把测振仪器系统放在参考点上标定,要注意标定以后仪器系统(拾振器、导线、记录通道)的变更。利用各通道的系统灵敏度,把实测得到的幅值关系算出来并归一化后,得到最大坐标值为 1 时的振型曲线。

2.结构动力响应特性参数测试

桥梁结构动力响应参数主要包括结构动位移、动应变、动力放大系数和冲击系数。动位移可采用位移传感器和测量放大器,或光电变形测量仪等进行测试;动应变可采用电阻应变计、动态应变仪或光纤应变计和调制解调器等进行测试；动力放大系数和冲击系数由分析计算得出。进行动力响应测试时，测点应布置在结构变位和应变较大的部位。

三、静载试验

（一）静载试验概述

1.静载试验的目的及准备工作

桥梁静载试验是按照预定的试验目的与试验方案，使静止的荷载作用在桥梁指定位置上，观测桥梁结构的静力位移、静力应变、裂缝、沉降等参量，然后根据有关规范和规程的评价指标，判断桥梁结构的承载能力及使用性能的试验项目。

（1）静载试验的目的

桥梁静载试验可以是生产鉴定性试验或科学研究性试验；可以是组成桥梁的主要结构试验或全桥整体试验；可以是实桥现场检测或是桥梁结构模型的室内试验。桥梁一般分为梁桥、拱桥、刚构桥、斜拉桥、悬索桥等结构形式。桥梁静载试验的加载方案与测试方式根据各种结构形式的受力特点，结合病害特征及静载试验的主要目的，按照技术上可行、经济上合理、测试上可靠的原则来设计。为了能够较为客观地反映桥梁结构的工作性能，桥梁检测多采用原位现场检测。一般桥梁静载试验主要解决以下问题。

①检验桥梁结构的设计与施工质量，验证结构的安全性与可靠性。对于大、中跨度桥梁，相关规范规程都要求在竣工之后，通过试验来具体、综合地鉴定工程质量的可靠性，并将试验报告作为评定工程质量优劣的主要依据之一。此外，既有桥梁在运营若干年后或遭受各种突发灾害后，必须通过静载试验来确定其承载能力与使用性能，并以此作为继续运营或加固改造的主要依据。

②验证桥梁结构的设计理论与计算方法的可行性，完善桥梁结构的计算

理论，收集工程技术资料。随着交通技术的不断发展，采用新结构、新材料、新工艺的桥梁结构日益增多，这些桥梁在设计、施工中必然会遇到一些新问题，其设计计算理论或设计参数需要通过桥梁试验加以验证和确定，在大量试验检测数据积累的基础上，就可以逐步建立或完善这类桥梁的设计理论与计算方法。

③掌握桥梁结构的工作性能，判断桥梁结构的实际承载能力。目前，我国已建成了数十万座各种形式的桥梁，在使用过程中，有些桥梁已不能满足当前通行荷载的要求，有些桥梁由于各种自然原因而出现不同程度的损伤与破坏，有些桥梁由于设计或施工差错而产生各种缺陷。对于这些桥梁，常采用静载试验的办法，来判定其承载能力和使用性能，并由此确定限载方案或加固改造方案，特别是对于那些原始设计施工资料不全的既有桥梁，通过静载试验确定其承载能力与使用性能就显得非常必要。

（2）静载试验的准备工作

随着我国桥梁建设事业的飞速发展，新结构、新材料、新工艺日益增多。一方面，这种现象带来了许多桥梁结构的理论、设计、施工等问题，成为桥梁检测的新课题，而桥梁结构检测的成果又进一步验证、发展和完善了桥梁设计计算理论等。另一方面，桥梁检测也为既有桥梁结构承载能力、使用性能和残余寿命的评估提供了科学依据。可以说，随着生产实践的发展，既有桥梁数量的日益增加，桥梁检测变得日益重要，同时，桥梁建设的不断发展也对桥梁检测提出了更高的要求。实践证明，要搞好桥梁检测，为设计、施工、理论研究或加固改造提供可靠和完整的试验资料和科学依据，并不是一件容易的事情。必须明确试验目的，遵循一定的程序，采用科学先进的测量手段，进行严密的准备和组织工作，这样才可能达到预期的目标。为此，根据静载试验对象的实际情况，在静载试验准备阶段必须把控好以下三个主要环节：

①明确试验目的，抓住主要问题。桥梁静载试验涉及理论计算、测点布置、加载测试、数据分析整理等多个方面，因此在进行试验之前一定要明确试验目的，预测试验桥梁的结构行为。这样才能有的放矢，合理地选择仪器、仪表，

准确地确定加载设备及加载程序,科学地布置测点及测试元件,充分地利用有限的人力、物力及其他条件,采取各种必要的手段,以达到预期的试验效果。

②精心准备,严密组织。桥梁静载试验观测项目多、测点多、仪器仪表多,这就要求试验工作必须有严格的组织,统一的指挥,并能够紧密配合,协同作战。在正式试验之前,要做好充分的准备工作,对一些关键性的测试项目和测点,要考虑备用的测试方法,注意防止和消除意外事故。大量试验证明,如果试验工作的某些环节考虑不周,轻者会使试验工作不能顺利进行,严重的会导致整个试验工作失败。

③加强试验人员培训,提高试验水平。参加试验检测的工作人员,必须在试验之前,熟练地掌握仪器的操作要领以及故障排除技术和技巧,了解试验的目的、试验程序及试验要求,及时发现试验过程中的问题。

2.静载试验的程序

一般情况下,桥梁静载试验可分为三个阶段,即桥梁结构的考察与试验工作准备阶段、加载试验与观测阶段,以及测试结果的分析总结阶段。

(1)桥梁结构的考察与试验工作准备阶段

准备工作包括技术资料的收集、桥梁现状检查、理论分析计算、试验方案制定、现场实施准备等一系列工作,因此这一阶段的工作是量大而细致的。实践证明,试验工作的顺利与否很大程度上取决于试验的准备工作是否充分。一般来说,桥梁结构的考察与试验工作准备阶段的具体内容如下:

①技术资料的收集。桥梁技术资料包括桥梁设计文件、施工记录、监理记录、验收文件、既有试验资料、桥梁养护与维修加固记录、环境因素的影响及其变化、现有交通量及重载车辆的情况等,掌握了这些资料,能使我们对试验对象的技术状况有一个全面的了解。

②桥梁现状检查。桥梁现状检查是指按照有关养护规范的要求,对桥梁的外观进行系统而细致的检查评价,具体包括对桥面平整度、排水情况、纵横坡的检查,对承重结构开裂与否及裂缝分布情况、有无露筋现象及钢筋锈蚀程度、混凝土碳化剥落程度等情况的检查,对支座是否老化、河流冲刷情况、基础病

害等方面的检查。通过桥梁检查，我们能对试验桥梁的现状做出宏观的判断，对试验桥梁的结构反应做到心中有数。

③理论分析计算。理论分析计算包括设计内力计算和试验荷载效应计算两个方面。设计内力计算是指按照试验桥梁的设计图纸与设计荷载等级，根据有关设计规范，采用专用桥梁计算软件或通用分析软件，计算出结构的设计内力；试验荷载效应计算是指根据实际加载等级、加载位置及加载重量，计算出各级试验荷载作用下桥梁结构各测点的反应，如位移、应变等，以便与实测值进行比较。

④试验方案制定。试验方案制定包括测试内容的确定、加载方案设计、观测方案设计、仪器仪表选用等，试验方案是整个检测工作的技术纲领性文件，因此必须具备全面、翔实、可操作性强等特点。

⑤现场实施准备。现场准备工作包括搭设工作脚手架、设置测量仪表支架、测点放样及表面处理、测试元件布置、测量仪器仪表安装调试等，现场准备阶段工作量大，工作条件复杂，是整个检测工作比较重要的一个环节。

（2）加载试验与观测阶段

这一阶段的工作是在各项准备工作就绪的基础上，按照预定的试验方案与试验程序，采用适宜的加载设备进行加载，运用各种测试仪器观测试验结构受力后的各项性能指标，如挠度、应变、裂缝宽度等，并采用人工记录或仪器自动记录各种观测数据和资料。需要强调的是，对于静载试验，应根据当前所测得的各种指标与理论计算结果进行现场分析比较，以判断受力后结构行为是否正常，是否可以进行下一级加载，以确保试验结构、仪器设备及试验人员的安全，这对于病害比较严重的既有桥梁尤为重要。

（3）测试结果的分析总结阶段

原始测试资料包括大量的观测数据、文字记载和图片记录等材料，受各种因素的影响，原始测试数据一般缺乏条理性与规律性，未必能直接揭示试验结构的内在行为。因此，应对它们进行科学的分析与处理，去伪存真、去粗存精，进行综合分析比较，从中提取有价值的资料，表示结构受力特征。对于一些数据或信号，有时还需按照数理统计或其他方法进行分析，或依靠专门的分析仪器和分析软件进行分析处理，或按照有关规程的方法进行计算。这一阶段的工作，直接反映整个检测工作的质量。测试数据经分析处理后，按照检测的目的要求，依据相关规范规程，对检测对象做出科学准确的判断与评价。

目前，桥梁静载试验应按照我国现行的《公路桥梁加固设计规范》（JTG/T J22—2008）、《公路桥梁承载能力检测评定规程》（JTG/T J21—2011）、《城市桥梁养护技术标准》（CJJ 99—2017）等规范规程进行，必要时，可参考借鉴国内外相关或相近技术规范规程进行评价。最后，综合上述三个阶段的内容，形成桥梁静载试验报告。

（二）桥梁结构静载试验的方案设计

试验方案设计是桥梁静载试验的重要环节，是对整个试验的全过程进行全面规划和系统安排。一般说来，试验方案应根据试验目的，在充分考察和研究试验对象的基础上，分析与掌握各种有利条件与不利因素，进行理论分析计算后，对试验的方式、方法、具体操作等方面做出全面规划。试验方案设计包括试验对象的选择、理论分析计算、加载方案设计、观测内容确定、测点布置等方面。

1.试验对象的选择

桥梁静载试验既要能够客观全面地评定结构的承载能力与使用性能，又要考虑试验费用、试验时间，因此要进行必要的简化，科学合理地从全桥中选择具体的试验对象。

一般说来，对于结构形式与跨度相同的多孔桥跨结构，可选择具有代表性的一孔或几孔进行加载试验；对于结构形式不相同的多孔桥跨结构，应按不同的结构形式分别选取最大的一孔或几孔进行试验；对于结构形式相同但跨度不同的多孔桥跨结构，应选取跨度最大的一孔或几孔进行试验；对于预制梁，应根据不同跨度及制梁工艺，按照一定的比例进行随机抽查试验。

除了以上几点，试验对象的选择还应考虑以下条件：①试验孔或试验墩台的受力状态；②试验孔或试验墩台的病害或缺陷情况；③试验孔或试验墩台应便于搭设脚手支架、布置测点及加载。

2.理论分析计算

确定了试验对象之后，要进行试验桥跨的理论分析计算，理论分析计算是实施加载方案、观测方案及试验桥跨性能评价的基础与依据。因此，理论分析计算应采用先进可靠的计算手段和工具，以使计算结果准确、可靠。要进行试验桥跨的理论分析计算，一般的理论分析计算包括试验桥跨的设计内力计算和试验荷载效应计算两个方面。设计内力计算是指可变作用下的内力计算，即按照《公路桥梁加固设计规范》（JTG/T J22—2008），计算由汽车、人群荷载或挂车荷载所产生的各控制截面最不利活载内力。对于常见桥型，控制截面数量的多少取决于准确地绘制出内力包络图的需要，控制截面最不利活载内力计算的一般方法是先求出该截面的各类影响线，然后进行影响线加载，再按照车道数、冲击系数及车道折减系数计算出该截面的最不利活载内力。此外，对于存在病害或缺陷的桥梁，还应计算其恒载内力，按照《公路桥梁加固设计规范》（JTG/T J22—2008）进行内力组合，验算控制截面强度，以确保试验荷载达到或接近活载内力时桥梁结构的安全。

（1）常见桥型控制截面的设计内力及观测内容

控制截面不仅会出现设计内力峰值，也是进行观测、测量的主要部位，把握住控制截面，就可以较为宏观全面地反映试验桥梁承载能力和工作性能。在进行静载试验时，常见桥型控制截面的设计内力及观测内容可大致进行如下归纳：

①简支梁桥。控制截面的设计内力包括跨中截面的弯矩与支点截面的剪力，对于曲线梁而言，还包括支点截面的扭矩。应变观测内容为跨中截面应变，必要时可增加 L/4 截面、3L/4 的应变；变形观测内容为支点沉降以及 L/4、跨中、3L/4 截面的挠度，对于曲线梁而言，还包括各跨支点、L/4、跨中、3L/4 截面的扭转角。

②连续梁桥（连续刚构桥）。控制截面的设计内力包括中跨跨中截面、中跨 L/4 截面、中跨 3L/4 截面、中支点截面、边跨（次边跨）跨中截面的弯矩及剪力。应变观测内容为跨中截面、中支点截面、近中支点的边跨跨中截面的应变，必要时可增加中跨 L/4 截面、中跨 3L/4 截面的应变；变形观测内容为各跨支点沉降、各跨 L/4、跨中、3L/4 截面的挠度，对于曲线连续梁还应包括各跨支点、L/4、跨中、3L/4 截面的扭转角。

③T 型刚构桥。控制截面的设计内力包括固端根部截面的弯矩与剪力、墩身控制截面的弯矩与轴力，相应的观测内容为固端根部截面、墩身控制截面的应变，悬臂端部的挠度、墩顶截面的水平位移与转角。

④拱桥。控制截面的设计内力包括拱肋或拱圈控制截面（拱顶、L/4、拱脚）的轴力、弯矩，对于中承式、下承式拱桥而言，还包括吊杆的轴力，对于上承式拱桥而言，还包括立柱的轴力，对于系杆拱桥而言，还应包括系杆的轴力。与此相对应，观测内容为拱脚、L/4、跨中、3L/4 处拱肋或拱圈截面的应变和挠度，墩台顶的挠度，墩台顶的挠度与水平位移，必要时还可增加 L/8、3L/8、5L/8、7L/8 截面的挠度，对于中承式或下承式拱桥，还应测试吊杆的应变或伸长量；对于系杆拱，还应测试系杆的内力变化。

⑤斜拉桥。控制截面的设计内力包括加劲梁控制的弯矩、扭矩与轴力，索塔控制截面的弯矩与轴力，控制拉锁的轴力，桥面系的局部弯曲应力，等等。相应的观测内容为各跨支点、L/4、跨中、3L/4 截面的挠度，必要时还要观测上述部位的扭转角和横桥向位移、加劲梁控制截面及索塔控制截面的应变、索塔塔顶的水平位移、控制拉索的索力、桥面系的工作性能等。

⑥悬索桥。控制截面的设计内力包括主缆的轴力，索塔控制截面的轴力、弯矩，吊杆的轴力，加劲梁控制截面的弯矩与剪力，桥面系的局部应力，等等。相应的观测内容为各跨支点、L/8、L/4、3L/8、跨中、5L/8、3L/4、7L/8 截面的挠度以及上述测点在偏载情况下的扭转角和横桥向位移，加劲梁跨中截面、L/8 截面、索塔控制截面的应变，索塔塔顶的水平位移，控制吊杆的轴力，最大索股索力，主缆的表面温度，桥面系的工作性能，等等。

（2）静载试验效率的计算

试验荷载效应计算是在设计内力计算结果的基础上，确定加载位置、加载等级以及在试验荷载作用下结构反应大小的过程，也是个反复试算的过程。由于桥梁静载试验为鉴定荷载试验，试验荷载原则上应尽量采用与设计标准荷载相同的荷载，但由于客观条件的限制，实际采用的试验荷载往往很难与设计标准荷载一致，在不影响主要试验目的的前提下，一般采用内力（应力）或变形等效的加载方式，即计算出设计标准荷载对控制截面产生的最不利内力，以此作为控制值，然后调整试验荷载使该截面内力逐级达到此控制值，从而实现检验鉴定的目的。为保证试验效果，在选择试验荷载大小及加载位置时应采用静载试验效率 η 进行调控，即：

$$\eta = \frac{S_t}{S_d(1+\mu)}$$

式中：S_t——试验荷载作用下，检测部位变形或内力的计算值；

S_d——设计标准荷载作用下，检测部位变形或内力的计算值；

$1+\mu$——设计取用的冲击系数。

η 取值宜在 0.8～1.05 之间。根据最大试验荷载量及试验目的的不同，可以分为：

①基本荷载试验：最大试验荷载为设计标准规定的荷载，即 $1.0 \geqslant \eta > 0.8$，包括设计标准规定的动力系数或荷载增大系数等因素的作用。

②重荷载试验：最大试验荷载小于基本荷载，即 $\eta > 1.0$，一般只在特殊情况下才进行重荷载试验，其上限根据检验要求确定。

③轻荷载试验：最大试验荷载小于基本荷载，即 $0.8 \geqslant \eta > 0.5$，为了充分反映结构的整体工作和减少测量的误差，要求试验荷载不小于基本荷载的 0.5 倍。

在计算试验荷载效应时，首先要根据控制截面的设计内力及加载设备的种类，初步确定加载位置、加载等级，以使试验荷载逐级达到该截面的设计内力，实现预定的加载效率，同时应计算其他控制截面在试验荷载作用下的内力，如未超过其设计内力，说明试验荷载的加载位置、加载等级有效且安全，如超过其设计内力，则应重新调整试验荷载的加载位置、加载等级，直至找到既可使控制截面达到其加载效率、又确保其他截面在试验荷载作用下不超过其设计内力的加载方式为止。其次，根据最终确定的加载等级、加载位置及加载重量，计算出试验桥梁各级试验荷载作用下的结构行为，包括试验桥梁各应力测试截面的应力（应变）、各挠度测点的挠度，必要时还要根据试验桥梁的受力特点，计算出各测点的扭角、水平位移等结构反应，以便于与实测值进行比较，评价桥梁的工作性能。最后，在上述工作的基础上，结合现场实际情况，形成严密可行的加载程序，以便试验时实施。

3.加载方案设计

加载是桥梁静载试验的重要环节之一，包括加载设备的选用，加载卸载程序的确定以及加载持续时间三个方面。实践证明，合理地选择加载设备及加载方法，对于顺利完成试验工作和保证试验质量非常重要。

（1）加载设备的选用

桥梁静载试验的加载设备应根据试验目的要求、现场条件、加载量大小和经济方便的原则选用。对于现场静载试验，常用的加载方式主要有三种，即利用车辆荷载加载、利用重物加载以及利用专门的加力架加载。

①采用车辆荷载进行加载具有便于运输、加载卸载方便且迅速等优点，是桥梁静载试验较常用的一种方法。通常可选用重载汽车或利用施工机械车辆进行加载。利用车辆荷载加载需注意两点：一是对于加载车辆应严格称重，保证试验车辆的重量、轴距与理论计算的取用值相差不超过 5%；二是尽可能采用与标准车相近的加载车辆，同时，应准确测量车轴之间的距离，如轴距与标准车辆差异较大，则应按照实际轴距与重量重新计算试验荷载所产生的结构内力与结构反应。

②重物加载是指将重物（如铸铁块、预制块、沙包、水箱等）施加在桥面或构件上，通过重物逐级增加以控制截面的设计内力，达到加载效率。采用重物加载时要进行重量检查，重物数量较大时可进行随机抽查，以保证加载重量

的准确性。采用重物直接加载的准备工作量较大，加载卸载时间较长，实际应用受到一定限制，重物加载一般用于现场单片梁试验、人行桥梁静载试验等。

③专用加力架一般由地锚、千斤顶、加力架、测力环（力传感器）、支承等组成，如图5-1所示。千斤顶一端作用于加力架上并通过加力架传递给地锚，另一端作用在试验梁上，力的大小由测力环进行监控。一般说来，专用加力架临时工程量大、经济性差，仅适用于单片梁或桥梁局部构件的现场检测。

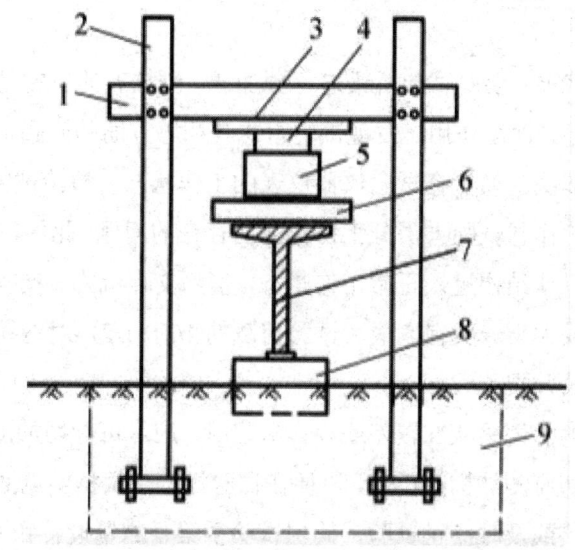

1—上横梁；2—拉杆；3—垫板；4—测力环；5—千斤顶；
6—分配梁；7—试验梁；8—试验梁支承；9—地锚。

图5-1 加力架的构成

（2）加载卸载程序的确定

为使试验工作顺利进行，获得结构应变和变形随荷载变化而增加的连续关系曲线，防止意外破坏，桥梁静载试验应采用科学严密的加载卸载程序。加载卸载程序就是试验进行期间荷载与时间的关系，如加载速度的快慢、分级荷载量值的大小、加载卸载的流程等。对于短期试验，加载卸载程序确定的基本原则如下所述。

①加载卸载应该是分级递加或递减的，不宜一次完成，分级加载可以使试

验人员较全面地掌握试验桥梁实测变形、应变与荷载的相互关系，了解桥梁结构各阶段的工作性能，且便于观测操作。因此，根据要求，静载试验荷载一般情况下应不少于四级加载，当使用较重车辆或达到设计内力所需的车辆较少时，应不少于三级加载，逐级使控制截面由试验所产生的内力逼近设计内力。采用分级加载方法，每级加载量值的大小和分级数量的多少要根据试验目的、观测项目与试验桥梁的具体情况来确定，必要时可减小荷载增量幅度，加密荷载等级。

②正式加载前，要对试验桥梁进行预加载。预加载的目的是消除结构的非弹性变形，并起到演习作用，发现试验组织观测等方面的问题，以便在正式加载试验前予以解决。如检查试验仪器仪表的工作状态、检验试验设备可靠性、检查现场组织工作与试验人员分工协作方面存在的问题。此外，对于新建结构，通过预加载可以使结构进入正常工作状态，消除支点沉降、支座压缩等非弹性变形。预加荷载大小一般宜取最大试验荷载的1/3～1/2，对钢筋混凝土结构而言，还应小于其开裂荷载。

③当所检测的桥梁状况较差或存在缺陷时，应尽可能增加加载分级，并在试验过程中密切监测结构的反应，以便在试验过程中根据实测数据对加载程序进行必要的调整或及时终止试验，确保试验桥梁、测量设备和人员的安全。

④一般情况下，加载车辆全部到位、达到设计内力后方可进行卸载，卸载可分2～3级进行，并应尽量使卸载的部分工况与加载的部分工况相对应，以便进行校核。

⑤加载车辆位置应尽可能靠近测试截面内力影响线的峰值处，以便用较少的车辆产生较大的试验荷载效应，从而节省试验费用与测试时间。同时，加载车辆位置还应尽可能兼顾不同测试截面的试验荷载效应，以减少测试工作量，如三跨连续梁中跨中截面的加载与跨中支点截面的加载可以互相兼顾。此外，对于直线桥跨，每级荷载应尽可能对称于桥轴线，以便利用对称性校核测试数据，减少测试工作量。

在上述工作的基础上，根据所确定的加载设备、加载等级、加载顺序与加载位置，就可以形成一个比较严密的、操作性较强的加载程序，作为正式试验时加载实施的纲领。

（3）加载持续时间

为减少温度变化对测试结果的影响，加载时间宜选在温度较为稳定的 22 时至次日凌晨 6 时之间，尤其是对于加载工况较多、加载时间较长的试验。如夜间加载或测量存在困难而必须在白天进行时，一方面要严格采取良好的温度补偿措施，另一方面应采取加载—卸载—加载的对策，同时保证每一加卸载周期不超过 20 min。每次加载、卸载持续一定时间，使结构的反应能够充分地表现出来，方可进行观测，如加载后持续的时间较短，则测得的应变、变形值有可能偏小。通常要根据观测仪表所指示的变化来确定加载持续时间，当结构应力、变形基本稳定时，方可进行各观测点读数。对于卸载后残余变形的观测，零载持续时间则应适当延长，因为结构的残余变形与其承载历史有关，新建结构在第一次荷载作用下，常有较大的残余变形，以后再受力，残余变形增加得很少。一般情况下，试验时每级荷载持续时间应不少于 15 min，方可进行观测，卸载后观测残余变形、残余应变的时间间隔应不少于 30 min。

4.观测内容确定

桥梁结构在荷载作用下所产生的变形可以分为两大类，一类变形是反映结构整体工作性能的，如梁的挠度、转角，索塔的水平变位等，这类变形称为整体变形；另一类变形是反映结构局部工作状况的，如裂缝宽度、相对错位、结构应变等，这类变形称为局部变形。在确定桥梁静载试验的观测项目时，首先应考虑结构的整体变形，以概括结构受力的宏观行为，其次要针对结构的特点及存在的主要问题，抓住重点，有的放矢，不宜过分庞杂，以能够全面地反映加载后结构的工作状态，解决桥梁的主要技术问题。

一般来说，桥梁静载试验观测内容可以分为应变、变形两大类，主要观测内容如下：

第一，桥梁结构控制截面最大应力（应变）的数值及其随荷载变化而变化的规律，包括混凝土表面应变及外缘受力主筋的应力。通常，应力测试以混凝土表面正应力测试为主,一方面测试应变沿截面高度分布的规律,借以检验中心轴高度计算值是否可信、推断结构的极限强度;另一方面测试应变随试验荷载变化而变化的规律,由此判断结构是否处于弹性工作状态。对于受力较为复杂的情况,还要测试最大应力值和方向及其随荷载变化而变化的规律。

此外,为了能够全面地反映结构应力分布规律,常常在结构内部布设应力测点,如钢筋应力测点、混凝土内部应力测点,这类测点应在施工阶段就预埋相应的测试元件。

第二,一般情况下,要观测桥梁结构在各级试验荷载作用下的最大竖向挠度,并据此得出挠度沿桥轴线分布曲线。对于一些桥梁结构形式,如拱桥、斜拉桥、悬索桥,还要观测拱肋或索塔控制点在试验荷载作用下顺桥向或横桥向的水平位移。

第三,要观测裂缝出现和扩展的情况,包括初始裂缝所处的位置,裂缝的长度、宽度、间距与方向的变化,以及卸载后裂缝的闭合情况。

第四,要观测在试验荷载作用下支座的压缩情况或支点的沉降情况、墩台的位移(或转角)情况。

第五,要观测一些桥梁结构如斜拉桥、悬索桥、系杆拱的吊索(拉索)的索力,以及主缆(拉索)的表面温度。

5.测点布置

测点布置应遵循必要、适量、方便观测的基本原则,并使观测数据尽可能地准确、可靠。测点布置可以遵循以下几条原则。

第一,测点的位置应具有较强的代表性,以便进行测试数据分析。桥梁结构的最大挠度与最大应变,通常是最能反映结构性能的,也是试验者最感兴趣的,掌握了这些数据就可以比较宏观地了解结构的工作性能及强度储备。例如,简支梁桥跨中截面的挠度最大,该截面上下缘混凝土的应力也最大,这种很有代表性的测点必须设法进行测量。

第二,测点的设置一定要有目的性,避免盲目设置测点。在满足试验要求的前提下,测点不宜设置过多,以使试验工作重点突出,提高效率,保证质量。

第三，测点的布置要有利于仪表的安装与观测读数，并便于试验操作。为了便于测试读数，测点布置宜适当集中；对于测试读数比较困难、危险的部位，应有妥善的安全措施或采用无线传输设备。

第四，为了保证测试数据的可靠性，应布置一定数量的校核性测点。在现场检测过程中，由于偶然因素或外界干扰，会有部分测试元件、测试仪器不能正常工作或发生故障，影响测量数据的可靠性。因此，在测量部位应布置一定数量的校核性测点。如截面具有一个对称轴，在同一截面的同一高度应变测点不应少于 2 个，同一截面应变测点不应少于 6 个，以判别测量数据的可靠程度，舍去可疑数据。

第五，在试验时，有时可以利用结构对称互等原理进行数据分析校核，适当减少测点数量。例如，简支梁在对称荷载作用下，L/4、3L/4 截面的挠度相等，两截面对应位置的应变也相等，利用这一点可适当布置一些测点，进行测试数据校核。

（三）试验现场组织实施

静载试验现场组织是实现预定的试验方案的重要保证，其内容包括试验前现场准备工作、加载测试工作及现场清理工作。试验组织就是指使上述内容按先后顺序互相衔接，形成一个有机、完整、高效率的组织计划，并在试验中按照这个计划进行，只有遇到特殊情况或发现异常情况时，才按照加载控制及加载终止的条件予以调整。

1.现场准备及测试工作安排

静载试验现场准备及测试工作安排包括试验前准备工作、加载测试工作及试验后现场清理工作。一般说来，试验前准备工作比较庞杂，试验方案的大部分工作都要在加载试验前落实到位，要占用全部试验工作的大部分时间。

（1）试验前准备工作

试验前准备工作内容比较多，主要包括以下几点：

①为了能够较方便地布置测点、安装仪表或进行读数，必要时要搭设脚手架、使用升降设备或桥梁检测车，搭设的支架应牢固可靠，便于使用，同时注意所搭设的支架不能影响试验对象的自由变形。此外，要在距离测试部位适当的地方搭设帐篷，以供操作仪器使用，还要接通电源、安装照明设备。

②进行仪器仪表、加载设备的检查标定工作。试验之前应对所携带的仪器仪表、设备进行全面的检查与标定，确保仪器仪表状态良好，并注意无遗漏，同时准备好各类人工记录仪器的记录表格。如采用加力架进行加载，要对加力架强度、刚度、稳定性等方面进行预算，避免加载设备先于试验结构破坏的现象，并进行千斤顶的校验。如使用汽车或重物加载，要采用地磅进行严格的称重，测量加载车辆轴距。

③按照试验方案设计的应变测点位置，进行应变测点的放样定位。对于结构表面测点，要进行表面打磨处理或局部改造，如在测点位置局部铲除桥面铺装；对于结构内部测点，则要在施工过程中预埋测试元件。然后进行应变测试元件的粘贴、编号、防潮与防护处理，连接应变测试元件与数据采集仪，采取温度补偿措施，进行数据采集仪的预调平。对于要进行裂缝观测的试验桥梁，要提前安装裂缝监测仪，必要时用石灰浆溶液进行表面粉刷分格，表面分格可采用铅笔或木工墨斗，分格大小以 20～30 cm 见方为宜，以便观察和查找新出现的裂缝。

④按照试验方案设计的变形测点位置，进行变形测点的定位布置。如采用精密水准仪进行挠度测量，则要进行测点标志埋设，测站、测量路线的布设；如采用全站仪等光学仪器进行水平位移测量，要进行控制基准网、站牌、反光棱镜、测量路线的布设；测量点的布置要牢靠、醒目，防止在试验过程中移位或破坏；对于采用百分表、千分表或位移计进行变形测量的，根据理论挠度计算值的大小安装测表并进行初读数调整及测读。

⑤根据预定的加载方案与加载程序，进行加载位置的放样定位，采用油漆或粉笔明确地划出加载的位置、加载等级，以便正式试验时指挥加载车辆或加载重物准确就位。

⑥对于处于运营状态的桥梁，试验准备工作要注意测试元件、测试导线的防护，试验开始前应封闭交通，禁止闲杂人员和非试验车辆进入。

⑦建立试验领导组织，进行人员分工安排。根据试验实际情况，设指挥长一人，其下可根据使用的仪器型号、测试项目的情况划分小组，每组由经验丰富的人员担任组长，配备相应的通信联络工具或明确联络方式，以便统一指挥，统一行动。正式开始试验前，指挥长根据试验程序向全体工作人员进行技术交底，交底的内容包括试验测试内容、试验程序、注意事项等，明确所有测试人员的职责，做到人人心中有数。

⑧正式加载前，要进行预加载，以检查仪器的工作状态，消除非弹性变形。预加荷载卸载后，进行零荷载测量，读取各测点零荷载的读数。

（2）加载测试工作

试验开始前，应注意收集天气变化资料，估计试验过程中的温度变化情况，落实交通封闭疏解措施，尽可能保证试验在干扰较小的情况下顺利进行。具体试验工作如下所述。

①加载的位置、顺序、重量要准确无误，利用汽车加载时，要有专人指挥汽车行驶到指定位置。

②试验时，每台仪器应配备一个以上的观测人员进行观测记录，应将每级荷载作用下的实测值与对应的理论计算值进行比较，如有异常情况应立即检查，分析其原因，并立即向试验指挥人员汇报，以便做出正确的判断。

③在每级荷载作用下，待结构反应稳定后，不同类别的测试项目（应变、变形、裂缝）应在同一时间进行读数。如某些项目观测时间较长，则应将观测时间较短的项目的读数时间安排在中间进行，以使各测试项目的读数基本同步。

④试验进行过程中，注意不要触动测试元件及测量导线，以免引起读数的波动。

（3）试验后现场清理工作

试验完成后，应核查测试数据，如无遗漏，就可清理现场。现场清理主要包括以下工作：

①清理仪器仪表及可重复利用的测试软件，回收测试导线。

②拆除脚手架和帐篷，清理现场，以便开放交通。

③对于进行了打磨和局部改造的应变测点，要用混凝土或环氧砂浆进行修补。

此外，还要拆除变形测量时所埋设的测点标志或临时站点设施。

2.加载控制及终止条件

在静载试验过程中，试验指挥人员应及时掌握各方面的情况，对加载进行控制，既要取得良好的试验效果，又要确保人员、仪器设备、试验桥梁的安全，避免不必要的损失。此外，应注意以下几点：

第一，严格按照预定试验方案的加载程序进行加载，试验荷载和测试截面内力的大小都应由小到大，逐步增加，并随时做好停止加载和卸载的准备。

第二，对于变形、应变控制点，应随时观测、随时计算，必要时应对变形、应变控制点的量值变化进行在线实时监控观测，并将测试结果及时报告给试验指挥人员。如实测值超过理论计算值较多、裂缝宽度急剧增加或听到异常的声响，则应暂停加载，待查明原因后再决定是否继续加载。

四、动载试验

（一）动载试验概述

桥梁结构是承受恒载、车辆荷载、人群荷载等主要荷载的结构物，当车辆以一定速度在桥上通过时，发动机抖动、桥面不平顺等原因会导致桥梁结构产生振动。此外，人群荷载、风动力、地震力等因素也会引起桥梁发生振动，随着交通运输事业的不断发展，车辆的数量、载重量有了迅速的增长，车辆的速度也有了很大的提高。随着新材料、新工艺的推广应用，桥梁结构逐渐转向轻型，而对于大跨度、超大跨度桥梁结构而言，地震、风振是设计、施工的控制因素，因此车辆荷载或其他动力荷载对桥梁结构的冲击和振动影响，已成为桥梁结构设计、计算、施工、运营、维修养护过程中的重要问题之一。

桥梁结构的振动问题，影响因素比较多，涉及的理论比较复杂，仅靠理论计算分析并不能够满足工程实践的要求，一般多采用理论分析与现场实测相结合的研究方法，因此振动测试是解决工程结构振动问题必不可少的方法。近年来，随着电子计算机的普及与自动化技术的发展，振动测试技术取得了极大进步：一方面表现为模拟地震振动台试验、拟动力试验逐步成为解决工程动力问题的主要手段之一；另一方面表现为工程结构在风荷载、车辆荷载、地震荷载作用下，动力反应的现场测试方法也得到了很大的改进。

1.*动载试验的目的*

桥梁结构的动载试验是利用某种激振方法激起桥梁结构的振动，测定桥梁结构的固有频率、阻尼比、振型、动力冲击系数、动力响应（加速度、动挠度）等参量，从而宏观地判断桥梁结构的整体刚度与试验性能的试验项目。桥梁结构的动载试验与静载试验虽然在试验目的、测试内容等方面有所不同，但可以互相补充、相互印证，对于全面分析掌握桥梁结构的工作性能是同等重要的。就试验步骤而言，与静载试验基本相同，动载试验也要经过准备、试验、分析总结三个阶段；就试验性质而言，动载试验也可分为生产鉴定性试验和科学研究性试验。一般情况下，动载试验多在实际结构上进行测试，也可根据桥梁结构的特点和实际需要在室内进行结构模型的动载试验，如在风洞内进行大跨度桥梁的风致振动试验，在模拟地震振动台上进行桥梁结构的地震响应试验研究等。桥梁结构的动载试验的基本任务大体可归纳为以下几个方面：

第一，测定结构的动力特性，如测定桥梁结构或构件的自振频率、阻尼特性、振型等。

第二，测定结构在动荷载作用下的强迫振动响应，如测定桥梁结构或构件在车辆荷载、风荷载作用下的振幅、动应力、加速度等。

第三，测定动荷载的动力特性，即引起结构产生振动的作用力的数值、方向、频率和作用规律。

2.动载试验中的数据和信号

在桥梁结构的动载试验中，常有大量的物理量如位移、应变、振幅、加速度等，需要进行测量、记录和分析。在静载试验中，可以通过仪器仪表观测而直接获得数据序列。在动载试验中，可通过仪器仪表获得振动过程中的大量的物理量并将其记录下来，这些随时间变化的物理量，一般称为信号，而测得的结果称为数据。根据这些实测数据，可以进行有关振动量之间相互关系的分析。一般说来，动载试验的数据和信号是比较复杂的，具体表现在以下三个方面：

第一，引起结构振动的振源（如车辆、人群、阵风或地震力等）和结构的振动响应都是随时间而变化的，是随机的、不确定的。例如，汽车在不平整的桥面上行驶所引起的桥梁振动就是随机的，两次条件完全相同的试验不会测量到相同的动力响应。这种信号虽然可以检测，并得到时间历程曲线，但却不能预测。这类信号服从统计规律，一般用概率统计的方法研究。

第二，桥梁结构在动荷载作用下的响应不仅与激振源的特性相关，也与结构本身的动力特性密切相关。桥梁结构本身就具有无限多个自由度，加上车辆与桥梁结构之间的耦合，其动力特性就更为复杂。

第三，在动载试验所记录的信号和数据中，常常会夹杂一些干扰因素。干扰信号不同于测量误差，没有一定的规律。因此，必须对动载试验所测得的信号和数据进行科学的分析与处理，从中提取尽可能多的反映桥梁结构振动内在规律的有用信息。可以用一个时间函数式表示信号随时间而变化的特性，这类表达方式称为信号的时域描述，如加速度时程曲线、位移时程曲线等。信号的时域描述比较简单、直观。通过多个测点的时程曲线，试验人员可以分析出结构的振幅、振型、阻尼特性、动力冲击系数等参量，但不能明确揭示信号的频率成分和振动系统的传递特性。为此，需要对信号进行频谱分析，以研究其频率结构及对应的幅值变化规律，把时域信号通过傅里叶变换的数学处理变换为频域信号。时域信号的傅里叶变换就是把确定的或随机的波形分解为一系列简谐波的叠加，以得到振动能量按频率的分布情况。

桥梁动载试验是在桥梁处于振动状态下，利用振动测试仪器对振动系统各种振动量进行测定、记录并加以分析的过程。因此，在进行动载试验时，首先应通过激振方法使桥梁处于一种特定的振动状态中，以便进行相应项目的测试。其次，合理选取测试仪器仪表组成振动测试系统。振动测试系统一般由拾振部分、放大部分和分析部分组成，这三个部分可以由专门仪器设备配套集成使用，也可以组配使用，因此要根据试验的环境条件和试验的要求，选择组配合理的振动测试系统。仪器组配时除应考虑频带范围，还要注意仪器间的阻抗匹配问题。再次，要根据测试桥梁的特点，制定测试内容、测点布置和测试方法，例如，对于混凝土简支梁桥的动载试验，一般的观测项目有跨中截面的动挠度、跨中截面钢筋或混凝土的动应变等。又比如，要测定某一固有频率的振型时，应将传感器设置在振幅较大的各部位，并注意各测点的相位关系。最后，利用相应的专业软件对采集的数据或信号进行分析，即可得出桥梁结构的频率、振型、阻尼比、冲击系数等振动参量。

（二）桥梁结构动力响应的测试

一般来说，根据测试任务及测试对象的不同，动力响应的测试大致可分为两种类型：一种是仅测量测试对象的输出响应，从而求出其相关函数或功率谱密度函数来确定测试对象的动态特性，另一种是同时测量输入和输出，从而求出测试对象的动态特性。不管是哪种类型的测试，一般都包括桥梁振动激发、传感器选型与布置、振动响应测试与分析、试验组织等几个方面。

1.激振方法

桥梁动载试验的激振方法有很多，如自振法、强迫振动法、脉动法等，应根据桥梁的类型、刚度和现场条件进行选择，以简单易行、便于测试为原则。通常，多将上述一种或两种方法结合起来，以便激发桥梁结构的振动，全面把握桥梁结构的动力特性。

（1）自振法

自振法是指使桥梁产生有阻尼的自由衰减振动，记录到的振动图形为桥梁的衰减振动曲线。为使桥梁产生自由振动，一般常用突然加载法和突然卸载法两种方法。

突然加载法是指在被测结构上急速施加一个冲击作用力，由于施加冲击作用的时间短促，因此施加于结构的作用实际上是一个冲击脉冲作用。根据振动理论可知，冲击脉冲的动能传递到结构振动系统的时间要小于振动系统的自振周期，且冲击脉冲一般都包含了零频以上所有频率的能量，它的频谱是连续的。只有被测结构的固有频率与之相同或很接近时，冲击脉冲的频率分量才对结构起作用，从而激起结构以其固有频率作自由振动。采用突然加载法时，应注意冲击荷载的大小及其作用位置，如果要激起桥梁结构的整体振动，则必须在桥梁的主要受力构件上施加足够大的冲劲，冲击荷载的作用位置可按所需结构的振型来确定，如为了获得简支梁的第一振型，则冲击荷载应作用于跨中部位，测第二振型时冲击荷载应施加在跨度的1/4处。在现场测试中，当测试桥梁结构整体振动时，常常使试验车辆的后轮从三角垫块上突然下落对桥梁产生冲击作用，激起桥梁的竖向振动，简称跳车试验。当测试某一构件的振动时，常常采用锤击方法产生冲击作用。

突然卸载法是指在结构上预先施加一个荷载作用，使结构产生一个初位移，然后突然卸去荷载，使其产生自由振动。为卸落荷载，可通过自动脱钩装置或剪断绳索等方法，有时也专门设置断裂装置，即当预先施加的力达到一定数值时，绳索中间的断裂装置便突然断裂，由此激发结构的振动。一般说来，突然卸载法的荷载大小要根据振动测试系统所需的最小振幅计算求出。

（2）强迫振动法

强迫振动法是指利用专门的激振装置，对桥梁结构施加激振力，使结构产生强迫振动，然后逐渐改变激振力的频率而使结构产生共振现象，借助共振现象来确定结构的动力特性。

对于模型结构而言，常常采用激振设备来激发模型振动，常见的激振设备有机械式激振器、电动式激振器。使用时将激振器底座固定在模型上，由底座将激振器产生的交变激振力传递给模型结构。激振器在模型结构上的安装位置、激振频率和激振方向可以根据试验的要求和频率来确定。试验时,连续改变激振器的频率,进行频率扫描,当激振器的频率模型与固有频率一致时,模型就会出现第一次共振、第二次共振现象等,由此即可得到模型的第一阶频率、第二阶频率等。对于原型桥梁结构,常常使试验车辆以不同的行驶速度通过桥梁,使桥梁产生不同程度的强迫振动。由于桥面的平整度具有一定的随机性,所以由此引起的振动也是随机的,当试验车辆以某一速度通过时,所产生的激振力频率可能会与桥梁结构的某阶固有频率比较接近,桥梁结构便产生共振现象,此时桥梁各部位的振动响应达到最大值。在车辆驶离桥跨后,桥梁做自由衰减运动。这样就可以从记录到的波形曲线中分析得出桥梁的动力特性。在试验时,根据桥梁结构的设计行车速度,常采用一辆 10 t 重的试验车辆以 20 km/h、40 km/h、60 km/h、80 km/h 的速度进行跳车试验。

(3)脉动法

脉动法是利用被测桥梁结构所处环境的微小而不规则的振动来确定桥梁结构的动力特性的方法,这种微振动通常称为地脉动,它是由附近地壳的微小破裂和远处地震传来的脉动所产生的,或是由附近的车辆、机器的振动所引发的。结构的脉动具有一个重要的特性,就是能够明显地反映出结构的固有频率。因为结构的脉动是由外界不规则的干扰所引起的,具有各种频率成分,而结构的固有频率是脉动主要成分,在脉动图上可以较为明显地反映出来。

2.传感器选取与布置

在桥梁结构的动载试验中,人们关心的振动测试参量主要有三个,即结构的动应变、结构振动的幅度和结构振动加速度。结构的动应变与静应变的测量元件、测量方法基本相同,可以利用静载试验所布置的应变片,不同之处在于需要采用动态应变进行测量。桥梁结构振动的幅度宏观反映了荷载的动力作用,将动位移与相应的静位移相比较,便可得出桥梁动力冲击系数,它是衡量桥梁结构整体刚度与行车性能的主要指标。加速度则反映了桥梁动力影响对司机、乘客舒适性的影响,过大的加速度影响会导致司机、乘客的不适。因此,在桥梁动载试验中,通常选用的传感器是加速度传感器和位移传感器,通过位移传感器可以直接测量桥梁结构的位移时程曲线，进行分析之后可以得出其固有频率、冲击系数和阻尼比。通过加速度传感器可以直接测量桥梁结构的加速度时程曲线，进行频谱分析后可以得出其固有频率，进行数值积分后可以得到位移时程曲线等。然而，需要说明的是，位移传感器的安装一般需要有固定不动的支架，这对于桥梁，尤其是跨越江河的桥梁来说是难以实现的。为了能够方便准确地测得桥梁结构的动位移，可以采用激光挠度仪或红外挠度仪。

传感器的布置要根据结构形式而定，一般要根据动力特性的理论分析结果，按照理论计算得出的振型，在振幅较大的部位布置传感器，以能够测得桥梁结构最大反应，如主跨跨中截面、边跨跨中截面振幅，并较好地勾画出振型曲线为宜。桥梁结构动力特性的理论分析计算，目前多利用各种专用桥梁计算软件或通用分析软件。

桥梁结构的振型是结构相应于各阶固有频率的振动形式，一个振动系统的振型数目与其自由度数相等。桥梁结构是具有连续分布质量的体系，也是一个无限多自由度的体系，因此其固有频率及相应的振型也有无限多个。但是，对于一般桥梁结构而言，第一固有频率即基频，对结构动力分析才是最重要的；较复杂的动力分析问题也仅需要前几阶固有频率。因而在实际测试中，一些低阶振型才有实际意义。振型的测试一般是在结构上同时布置许多传感器，传感器的布设位置可根据理论计算结果来确定，这时需保证所有传感器的灵敏度相同，所有放大器的特性相同。

3.振动测试系统的组成

一般来说，振动测试系统主要由两大部分组成，即拾振传感器与数据采集分析系统。

（1）拾振传感器

该部分由传感器（加速度传感器、速度传感器或位移传感器）、导线等组成。在振动测试系统中，传感器的选用十分重要，应根据测试对象的振动频率和需要检测的物理量来选用不同种类的传感器。

（2）数据采集分析系统

该部分的作用是将传感器信号放大，将其转换为模拟信号和数字信号，然后进行记录及分析。大多数的数据采集分析系统都有模拟信号和数字信号的放大、滤波等功能。典型的数据采集分析系统由采样/保持器、模拟量/数字量转换器等组成。

①采样/保持器

时间信号采用的电路称为采样器，由开关元件及控制电路组成。对时间连续的信号进行采样是通过周期脉冲序列的调制来完成的，实际的采样脉冲，有一定宽度，通常远小于采样周期。在采样时间内完成幅值从连续的模拟量到数字量的转换，会要求模拟量/数学量转换器有非常高的转换速度。因此，在实际采样时，需要将所得到的时间离散信号通过记忆装置即保持器保持起来，再在信号保持期间进行模拟量/数字量的转换。

②模拟量/数字量转换器

A/D转换器（模数转换器），又叫模拟量/数字量转换器，它是将模拟信号（电压或电流形式）转换成数字信号的器件。通常，A/D转换器中的模拟量多为直流电压信号，A/D转换器将此直流电压转换为二进制数字量，以便进行记录与进一步的分析。

4.试验组织

桥梁动载试验组织包括试验前现场准备、试验测试两个方面的工作。试验组织就是指使上述工作内容相互衔接，形成一个有机的、完整的、高效率的组织计划，并在试验中按照这个计划进行。动载试验组织虽然内容较少，但仍是试验成功的重要保证。

（1）试验前现场准备

①出发前应对所携带的仪器仪表、传感器等进行全面的检查与标定，确保仪器仪表状态良好。此外要在距离测试部位适当的地方搭设帐篷，以供操作仪器使用，还要接通电源、安装照明设备，检查通信设备的状态。

②按照试验方案所定的传感器布置位置，进行放样定位，布置测试导线，

采用合适的方法将传感器固定到被测对象上。此外，根据被测结构的动力特性，确定跳车试验进行的位置，并做出标记。

③对于运营中的桥梁，试验准备工作要注意传感器、测试导线的防护，试验开始前应封闭交通，禁止闲杂人员和非试验用车辆进入。

④建立试验领导组织，进行人员分工安排。根据试验实际情况，一般设指挥一人，试验车辆导引员一人，测试人员数名，配备相应的通信联络工具或明确联络方式，以便统一指挥、统一行动。

⑤正式试验前，要进行预测试，以检查仪器仪表、测量线路的工作状态，确定测量放大器的放大系数。

（2）试验测试工作

①动载试验测试内容一般包括地脉动测试、跑车测试、跳车测试三项，试验时宜从动力响应小的测试项目做起，即先进行地脉动测试，再进行 20 km/h、40 km/h、60 km/h 的跑车试验，最后进行跳车试验，以便根据动力响应大小及时调整测量放大器的放大系数，避免测量数据溢出。

②进行跳车试验时，要较准确地控制试验车辆的车速，并根据测试传感器的布置，确定试验车辆行驶途中进行数据采集的起止位置，以免测试数据产生遗漏。

③每次测试后，要在现场进行数据回放和频谱分析，并与测试桥梁动力特性的理论计算值进行比较，检查测试数据是否正常、实测频率是否与理论计算值接近。如果有异常情况应立即检查并分析原因，必要时重新测试。

④试验进行过程中，注意不要触动测试元件及测量导线，以免引起读数的波动。

⑤试验完成后，清理仪器仪表、传感器，回收测试导线，拆除帐篷，清理现场，以便开放交通。

第六章 桥梁表观状态检测

第一节 混凝土结构表观缺陷检测

桥梁混凝土结构表观缺陷类型主要包括混凝土蜂窝、麻面、剥落、掉角、空洞、孔洞、露筋、施工接缝质量缺陷、错台等。

一、常见缺陷的检测

对混凝土结构蜂窝与麻面、剥落与掉角、空洞与孔洞、露筋、钢筋锈胀表观缺陷的现场检测,可按下列方法进行:

①用钢尺、卷尺或激光测距仪测量此类缺陷的位置和范围,精确到 0.01 m。

②根据现场条件,为清晰反映病害,可以用记号笔圈出病害范围,并标示出缺陷面积、空洞直径与深度、露筋长度等参数,精确到 0.01 m。

③若病害需要拍照记录,照片应包含反映病害实际尺寸的对比参照物,照片反映的病害特征宜与桥梁结构的关键构件和位置建立对应关系。如果一张照片反映不清楚,宜拍摄多张照片,反映病害的局部特征以及位置参照情况。

④新技术需要与成熟的技术进行对比试验,在相应的检测实施细则等规定保证该技术的可靠性和准确性的前提下,应予以采用,对混凝土表观缺陷的数据采集可以通过人工识别与智能记录相结合的方式实现。

⑤对于经常检查,可按照《公路桥涵养护规范》(JTG 5120—2021)规定

的"桥梁经常检查记录表"进行记录。

⑥对于定期检查,利用混凝土结构表观缺陷记录表进行现场记录。要对缺陷所处的结构部位、构件名称与编号、病害类型、病害的准确位置、病害特征、病害的严重程度进行描述。

二、其他缺陷的检测

对桥梁混凝土结构渗水、泛碱、杂物填充、杂物堆积、积水等其他缺陷的现场检测,可按下列方法进行:

①要对缺陷所处的位置、病害类型、病害特征、病害对结构的影响程度等进行描述。

②根据现场条件,对渗水、泛碱缺陷面积,以及杂物填充、杂物堆积的体积、积水面积及深度等参数进行记录。

③若病害需要拍照记录,照片应包含反映病害实际尺寸的对比参照物,照片反映的病害特征宜与桥梁结构的关键构件和位置建立对应关系。如果一张照片反映不清楚,宜拍摄多张照片,反映病害的局部特征以及位置参照情况。

④利用混凝土结构表观缺陷记录表进行现场记录。

对悬臂浇筑混凝土桥梁的节段接缝质量缺陷,可按下列方法检测和记录:

①对箱梁节段接缝处混凝土,通过锤击根据声音判断混凝土浇筑质量,并用手锤剔凿掉节段接缝处松散混凝土。

②用直尺测量节段接缝处错台高度。

③若病害需要拍照记录,照片应包含反映病害实际尺寸的对比参照物,照片反映的病害特征宜与桥梁结构的关键构件和位置建立对应关系。如果一张照片反映不清楚,宜拍摄多张照片,反映病害的局部特征以及位置参照情况。

④利用混凝土结构表观缺陷记录表进行现场记录。

对在役桥梁基础的表观缺陷检测,应符合下列规定:

①应检查桩身混凝土是否存在剥落露筋、钢筋锈蚀、破碎、开裂、冻融、冲蚀等病害。

②对于水位变化水域中的桥梁桩基础，由于桩基顶面容易受到冲蚀，对桩基础和承台结合处的桩头部位应进行重点检测。

③位于水中的基础，还应检查基础冲刷深度、基底掏空范围，以及河底铺砌是否有冲刷、掏空或损坏。当桩基础有冲刷、掏空、冲蚀时，应记录基础冲空面积和累计冲蚀面积及占构件面积的比例。

④桥梁桩基础表观缺陷检测可采用人工目视检测和水下检测成像技术。

三、现场分析与结果处理

桥梁混凝土结构现场检测记录内容应包含病害所在的构件编号、病害在构件上的相对位置、病害特征描述、病害照片及备注信息。对于定期检查，还应记录病害标度。病害的特征描述记录，应能反映病害的数量、病害的大小，记录的参数应齐全。

检测人员需根据桥梁设计资料、施工资料、以往检测养护维修资料、桥梁结构特点及环境特点，利用自己的知识和经验，对结构普遍性病害、施工质量问题、外力破坏或者结构耐久性损伤等缺陷产生的原因在现场进行综合分析与判断。对于定期检查，现场给出病害的标度。

第二节　混凝土结构裂缝及其检测

一、混凝土结构裂缝

桥梁的混凝土结构裂缝，可分为受力裂缝和非受力裂缝。

受力裂缝是由于结构承受荷载产生的裂缝。典型的受力裂缝可分为受弯区的弯曲裂缝、受剪区的剪切裂缝、剪扭构件的剪扭裂缝。

非受力裂缝是指由混凝土材料的收缩变形、温度变化以及混凝土内钢筋锈蚀等引起的裂缝。典型的非受力裂缝包括结构表面收缩裂缝、沿预应力钢筋管道的纵向裂缝、普通钢筋的锈胀裂缝。

桥梁混凝土结构裂缝现场检测，应根据裂缝分布特点、形态和发展变化状态区分受力裂缝和非受力裂缝，受力裂缝是检测的重点。

不同类型桥梁结构裂缝的重点检查部位和主要裂缝特征如表6-1所示。

表6-1　各类桥型的混凝土结构裂缝重点检测部位

桥梁形式	重点检测部位	裂缝特征
预制装配式梁桥	跨中附近	梁板底面横向裂缝，或延伸至侧面
	梁端靠近支座	自支座侧向跨中斜向上开展，与水平方向呈30°～60°
	柱式墩台的盖梁	盖梁墩顶竖向裂缝，上宽下窄；靠桥墩斜向上发展斜向裂缝，与水平呈30°～60°
	柱式桥墩、桥墩与墩帽连接处、墩底	环向裂缝、竖向裂缝

续表

桥梁形式	重点检测部位	裂缝特征
连续梁桥	跨中截面及其附近	底面横向裂缝、腹板竖向裂缝
	反弯点处（一般为跨径 1/5 处）及其附近	顶面横向裂缝、腹板斜裂缝
	桥墩处梁上部及其附近	局部承压裂缝、腹板斜裂缝、沿预应力管道的纵向裂缝
连续刚构桥	墩梁固结区段的梁顶板和腹板	腹板斜裂缝和竖向裂缝、顶板横向裂缝
	跨中截面及其附近	底面横向裂缝、腹板竖向裂缝
	反弯点及其附近	顶面横向裂缝、腹板斜裂缝
拱桥	主拱圈的拱板或拱肋	拱板、拱肋底面横向裂缝，拱肋横梁裂缝
	拱上立柱（或立墙）上下端	立柱下端裂缝、立柱竖向开裂
	桁架拱桥的拱脚节点、桁架节点、桁架受拉腹杆、桁架拼装段	拱脚与台帽连接处开裂、拱脚处下弦杆及侧面环向开裂
斜拉桥	索塔	主塔竖向裂缝、塔-梁部位局部裂缝
	拉索锚固区	局部裂缝
悬索桥	索塔	主塔竖向裂缝
	锚室	局部裂缝

桥梁混凝土结构裂缝检测，一般情况下应对全桥范围内存在裂缝的构件进行全数检测。当不具备全数检测条件或较多构件存在裂缝时，现场对裂缝全数检测存在困难，可以选择结构的重要部位或重要、特殊的构件进行重点检测。

二、混凝土结构裂缝检测

（一）准备工作

①熟悉结构历年检测报告，对裂缝分布和开展情况进行整理记录，以便和现场情况进行对照，确认需要重点观察的重点结构受力裂缝。

②检测时对裂缝类型进行现场判断，对受力裂缝和非受力裂缝进行统一编号。非新发现的此类裂缝应沿用以往的裂缝编号，对裂缝参数（长度、宽度和深度）进行检测。

③对于发展较快且对结构受力有重要影响的裂缝，应对裂缝进行连续观测（观测周期一般为 3~6 个月），重点检测裂缝参数的变化情况，测量方法和记录方式应保持一致。

（二）检测步骤

①结合不同类型桥梁结构裂缝的重点检查部位，观察裂缝分布情况，记录裂缝病害情况，对桥梁结构存在的裂缝进行全面检测。

②在观测过程中结合以往检测资料，对以往已出现的重要裂缝进行重点检测，包括分析裂缝发展变化情况。

③检测时对裂缝类型进行现场判断，对于一般裂缝可以采用裂缝比对卡、裂缝显微镜进行检测；对于重要的裂缝，应采用裂缝测宽仪对最大裂缝宽度进行检测，裂缝宽度的测量精度为 0.01 mm。

④重要裂缝宜用记号笔在构件表面进行标记：裂缝走向、起止位置、长度、宽度和测量位置、检测日期。

⑤对于裂缝数量较少的构件，在现场进行裂缝记录时应逐条记录。对于分布规律相同、数量较多且分布较密的构件上的裂缝，除按步骤④的要求记录外，还应记录裂缝的总条数、裂缝的长度范围、裂缝的宽度范围等。

⑥对于分布区域较大的裂缝,通过绘制裂缝分布图进行记录。

⑦为了描绘裂缝与构件的对应关系并说明裂缝产生原因等,可采用绘制示意图的方式进行裂缝描述。

⑧对病害拍照记录,照片应包含反映病害实际尺寸的对比参照物,照片反映的病害特征宜与桥梁结构的关键构件和位置建立对应关系。如果一张照片反映不清楚,宜拍摄多张照片反映病害的局部特征以及位置参照情况。

⑨可采用计算机辅助设计技术或者其他新技术创建构件信息模型,然后对已经按照规定格式记录的裂缝,通过一定的技术手段,在已创建的构件信息平面模型中自动布置,形成供展示的桥梁裂缝分布图。

第三节 缆索结构表观缺陷检测

桥梁缆索结构表观缺陷检测项目主要包括拉吊索护套、锚具、锚头、索鞍、锚碇等,其中,斜拉桥拉索锚固区钢构件、索夹螺栓的检测,以及悬索桥索夹、索鞍和索股锚杆的表观缺陷检测参照钢结构表观缺陷检测方法。

拉(吊)索承载力下降的主要原因是防护体系破坏,致使水分进入其内部,导致拉(吊)索钢丝锈蚀(见表6-2)。拉(吊)索护套的外观检测,通过目测或望远镜进行初步检查,护套损伤处需借助吊篮或支架进行人工靠近检查。对远离桥面的难于接近检测的拉(吊)索,可采用拉索自动检测装置等辅助设备进行检测。

表 6-2　表观缺陷现场检测项目与主要表观缺陷类型（缆索结构）

序号	检测项目	主要表观缺陷
1	拉（吊）索护套	裂缝、鼓包、破损、老化变质
2	拉（吊）索钢丝	涂层劣化、破损、锈蚀及断丝
3	锚具	渗水、锈蚀、有锈水流出
4	锚头	锈蚀、开裂、墩头或夹片异常，锚头螺母位置异常
5	拉索钢护筒	钢护筒是否脱漆、锈蚀，钢护筒内有无积水，钢护筒与拉索密封是否可靠，橡胶圈是否老化或严重磨损，橡胶圈固定装置有无损坏，阻尼器有无异常变形、松动、漏油、螺栓缺失、结构脱漆、锈蚀、裂缝
6	主缆涂装	老化、裂缝、脱落、刮伤、磨损
7	缠丝	是否渗水，有无损伤、锈蚀
8	索夹	螺栓有无缺失、损伤、松动，索夹面漆起皮脱落，裂缝及锈蚀，密封填料损坏
9	主索鞍、散索鞍	上座板与下座板相对位移、卡死、辊轴歪斜，鞍座螺杆、锚栓松动，主缆和索鞍相对滑移
10	锚碇	裂缝、空洞、沉降、水平位移、渗漏水、积水，温湿度不符合要求，除湿设备运行异常
11	索股锚杆	涂层劣化、锈蚀、裂纹

拉（吊）索上、下锚头均应进行靠近目测检查。破损、开裂、渗水的混凝土锚头，需凿开封锚混凝土检查。钢锚罩有滴油、渗水等表观病害，应打开锚罩，对锚头进行检查。对上锚头渗水或拉索上部老化开裂或损伤、有水渗入可能的拉索，在桥面或其他适当位置将拉（吊）索 PE 套管开窗，使索钢丝外露，

检查索内积水、钢丝锈蚀情况。开窗部位应采取有效措施封闭，避免后期开裂进水。

一、拉（吊）索外观检测

拉（吊）索外观存在缺陷均可产生拉（吊）索积水，进而导致拉（吊）索腐蚀。拉（吊）索外观检测是桥梁技术状态评定的重要组成部分。

（一）仪具与材料

①钢卷尺：精度 1 mm。
②其他：照相机、望远镜等。

（二）方法与步骤

①逐根对拉（吊）索 PE 管、索两端的减震圈、防护套筒及锚具等构件外观进行检查。
②对缺陷应进行标示并拍照、记录。
③观测拉（吊）索的风振和雨振状况。

（三）报告

报告应包含以下内容：
①病害位置及数量描述、外观病害照片；
②其他需要说明的事项，对于无法用文字表达清楚的内容，应附简图。

二、锚具外观检测

（一）仪具与材料

①钢尺：精度 1 mm。
②游标卡尺：精度 0.02 mm。
③其他：照相机等。

（二）方法与步骤

①检查锚具及周围混凝土的情况，是否存在渗水、锈蚀、开裂等异常现象。必要时可打开锚具盖，检查是否存在锚头锈蚀、锚杯锈蚀、锚杯内积水、分丝板稳固、防锈油结块乳化失效等现象。
②检查锚头与索体是否松动，墩头有无进一步回缩迹象等异常情况。
③检测作业过程中，不得对锚具及各构件造成损伤，检测后应及时恢复。

（三）报告

报告应包含以下内容：
①缺陷位置及数量描述、外观病害照片。
②其他需要说明的事项，对于无法用文字表达清楚的内容，应附简图。

第四节　桥梁支座表观检测

20世纪60年代前，国内使用的桥梁支座几乎都是钢支座。从20世纪60年代初开始，盆式橡胶支座与板式橡胶支座逐渐成为主要的桥梁支座形式。随着我国桥梁支座设计水平的提高，目前已出现一些特殊用途的支座，如拉压支座、隔震橡胶支座等。根据目前国内桥梁支座使用情况，这里仅介绍板式橡胶支座和盆式橡胶支座的现场表观检测。

一、板式橡胶支座检测

板式橡胶支座在国内中小跨径的钢筋混凝土桥梁、预应力混凝土桥梁及钢桥上应用极为广泛。随着板式橡胶支座应用数量的增加，因支座选型或安装不当、使用环境较差、支座本身质量问题等引起的支座缺陷与病害也较为常见。

板式橡胶支座中的橡胶材料受到大气中臭氧、紫外线作用及外力等影响，会出现橡胶老化。橡胶老化通常由支座橡胶保护层出现开裂、变硬等老化现象开始，然后缓慢地向内部发展造成裂纹。

通常，板式橡胶支座在竖向力作用下，钢板之间的橡胶向外产生均匀的凸起，这是正常现象。当橡胶与支座加劲钢板之间黏结不良时，在竖向力作用下就发生钢板与橡胶的脱离，进而引起板式橡胶支座侧表面不均匀的鼓凸、支座表面出现龟裂裂纹以及薄钢板裸露。

板式橡胶支座的脱空可分为局部脱空和全脱空。在板式橡胶支座与梁底面或支承垫石顶面出现的缝隙长度大于相应边长的25%时，称为局部脱空；当缝隙长度等于边长时称为全脱空。板式支座全脱空在预制混凝土板梁桥中较为常见，主要是由空心板一端的两个支座支承垫石顶面相差较大，或者预制控制板在相应部位的板底面不平造成的。就曲线箱梁而言，特别是独柱墩的预应力混凝土曲线箱梁，很容易产生由曲线箱梁的整体位移、转动而引起的支座脱空。

板式橡胶支座现场检测，可按下列步骤进行：

①熟悉支座设计与安装图纸、以往检测资料和养护更换记录。

②对照支座安装图纸和板式橡胶支座专项检测记录表检查是否有支座漏放、临时固定设施是否拆除、支座是否出现串动等。

③观察支座有无龟裂裂纹、水平裂缝、钢板外露、支座各层加劲钢板之间的橡胶板是否有不均匀鼓凸等；对于四氟滑板橡胶支座，应检查支座上面一层聚四氟乙烯滑板是否完好，有无剥离现象，支座是否滑出顶面的不锈钢板。

④现场检测时，可采用钢直尺测量支座串动长度、橡胶裂缝宽度和长度、钢板外露长度、支座不均匀鼓凸长度等，记录精确到 1 mm。

⑤对于支座脱空，可通过目测支座顶面是否透光检查支座是否脱空，可用钢尺测量脱空长宽估算脱空面积，用塞尺测量支座脱空高度。

⑥对于支座剪切变形，可先采用钢尺分别测量支座顶面水平位移和支座竖向高度，再换算为支座剪切变形角度，检查剪切角是否大于 35°。支座顶面水平位移和支座竖向高度均精确到 1 mm。

二、盆式橡胶支座检测

聚四氟乙烯板的磨损程度直接影响盆式橡胶支座的使用寿命。对大吨位和大位移盆式橡胶支座，应注意检查聚四氟乙烯板的磨损程度，可根据支座顶板不锈钢滑板与盆式支座中间钢板或支座顶板不锈钢滑板与球型支座中间钢衬板之间的间隙判断聚四氟乙烯板磨损程度。盆式橡胶支座现场检测步骤如下：

①熟悉支座设计与安装图纸、以往检测资料和养护更换记录。

②对照支座安装图纸和盆式橡胶支座专项病害记录表检查支座安装方向是否有误、支座临时锁定装置是否解除等。

③目测检查支座防尘罩是否完好。进行支座现场检测时，可打开或取下防

尘罩。检测完毕后,需重新安装防尘罩并恢复原状。

④目测检查梁体横向位移有无超限。若梁体横向位移过大,应检查支座是否破坏、锚固螺栓是否剪断以及防震挡块有无开裂破损。

⑤目测检查盆式橡胶支座钢盆有无裂纹、翘起变形、锈蚀。对于由盆环、钢板和盆底焊接制成的钢盆,应检查有无钢件脱焊,承压橡胶板一侧是否从钢盆中挤出。

⑥对盆式橡胶支座的转角位移,可利用卷尺测量支座顶、底板之间实测的最大和最小间隙以及支座顶板长度求得。

⑦目测检查盆式活动支座的水平位移功能是否正常,有无卡死,支座平面四氟滑板有无滑出平面不锈钢板范围。

⑧对聚四氟乙烯板的磨损程度可通过用塞尺测量支座顶板不锈钢滑板与盆式支座中间钢板或球型支座中间钢衬板之间的间隙进行。

⑨通过目测,结合锤击,检查支座锚固螺栓是否有松动、倾斜、顶死、顶弯以及锚固螺栓孔是否注浆。

在桥梁支座现场病害检测前,首先熟悉支座设计与安装图纸、支座检测情况和维修更换记录。提前熟悉支座设计与安装图纸,有利于检测人员在现场检测过程中发现常见的一些桥梁支座安装缺陷,如支座安装位置不正确、支座临时定位装置未拆除等。熟悉以往检测资料和维修更换记录,便于检测人员选择需进行重点检测的支座并对支座病害发展情况作出判断。

桥梁支座检测时宜对全桥范围内的支座进行全数检测。当不具备全数检测条件时,可根据以下原则选择:

①对于以往检测资料中病害较为严重的支座,主要观察支座病害有无发展。

②对于大位移活动支座,主要观测支座水平位移功能是否正常,有无位移超限而引起支座卡死,不能正常复位等。

③对于弯斜桥上的板式支座,主要观测支座有无脱空。

④对于长下坡桥上板式支座,主要观测支座有无剪切变形超限和移位。

桥梁支座主要病害类型如表 6-3 所示。

表 6-3 桥梁支座主要病害类型

支座类型	主要病害类型
板式橡胶支座	橡胶保护层开裂、劣化、外鼓，剪切变形过度，安装偏位、移位，脱空
盆式橡胶支座	竖向压缩超限，局部压、转角超限，盆式滑动支座缺陷，钢组件损坏、锈蚀，安装缺陷

第五节 桥梁伸缩装置检测

伸缩装置作为桥梁结构中的重要组成部分之一，既能保证行车的舒适性，又能保证结构的安全性，但其也属于薄弱部位，易发生破坏，出现凹凸不平、锚固区缺陷、破损以致失效。桥梁伸缩装置主要病害类型如表 6-4 所示。

表 6-4 桥梁伸缩装置主要病害类型

桥梁伸缩装置类型	主要病害类型
单缝式型钢伸缩装置	防水密封胶条老化、脱落、破裂、漏水，积存泥沙、石屑，边梁与桥面铺装连接处的锚固区混凝土开裂、破碎，伸缩装置顶面不平整，钢组件锈蚀
模数式伸缩装置	锚固混凝土出现破裂、裂缝、坑槽；中梁构件开焊、断裂、晃动、噪声；中梁局部变形弯曲下挠；型钢表面凹凸不平；伸缩均匀性差，位移控制系统失灵；密封橡胶带迅速老化、脱落或破裂，严重漏水；密封橡胶带内垃圾堆积过度
梳齿板式伸缩装置	转动座、螺栓和螺母松动、损坏，转动座损坏，梳齿间和表面有污渍、水泥浆、锈渍等，表面涂层损坏、有污渍、油漆剥落、裂开

续表

桥梁伸缩装置类型	主要病害类型
嵌填型伸缩装置	伸缩装置缝隙中填料挤出、上鼓,伸缩装置拉开断裂、漏水
嵌固对接型伸缩装置	热天鼓起、冬天脱落,锚固件破坏和两侧混凝土破碎
板式橡胶伸缩装置	橡胶板剥离;预埋钢板外漏、脱落、断裂;盲螺栓剪断脱空飞出;两侧混凝土开裂破碎,出现坑槽

一、模数式伸缩装置现场检测

检测步骤如下：

①熟悉伸缩装置以往检测资料和养护维修资料。

②目测检查伸缩装置钢纵梁连接焊缝有无脱开、局部断裂和下凹；行车通过时是否有晃动，发出噪声。

③目测检查伸缩装置密封橡胶条是否有压条脱落出来或翻跳在装置之外，密封橡胶条是否破漏，伸缩装置处的桥面垃圾是否有积压现象。

④目测检查伸缩装置两侧锚固区混凝土开裂情况，并用钢尺测量主要裂缝宽度和长度。

⑤模数式伸缩装置纵梁高差可采用水准仪测量。可选择模数式伸缩装置纵梁四分点位置，用水准仪测出四分点位置纵梁高差，取3个四分点位置高差最大值为纵梁高差。

⑥采用钢尺或游标卡尺测量纵梁间隙宽度是否均匀，完成模数式伸缩装置现场专项检测病害记录表。

二、梳齿板式伸缩装置现场检测

检测步骤如下：
①熟悉伸缩装置以往检测资料和养护维修资料。
②目测检查伸缩装置两侧锚固区混凝土开裂情况，并用钢尺测量主要裂缝宽度和长度。
③目测检查锚固螺栓是否严重锈蚀、损坏、脱落，可用活动扳手检测锚固螺栓是否有松动。
④目测检查梳齿板有无变形或翘起、凹凸不平、齿板横向间隙不均匀、卡齿、齿板断裂、整块脱落。
⑤目测检查防水橡胶条内是否积满尘土、垃圾，橡胶条是否漏水，完成梳齿板式伸缩装置现场专项检测病害记录。

第七章　在役桥梁检测与既有钢结构桥梁的检测、加固

第一节　在役桥梁检测

一、桥梁检查

（一）桥梁检查分类

桥梁检查分为经常检查、定期检查和特殊检查，其主要目的是通过对桥梁桥面系、上部结构、下部结构的缺损状况进行检查，从而对桥梁技术状况进行评定。

桥梁的经常检查，也称为日常检查，主要指对桥面设施、上部和下部结构及其附属构造物的技术状况进行日常巡视检查，及时发现缺损并进行小修保养工作。

桥梁的定期检查是评定桥梁的使用功能、为制订管理养护计划提供基础数据、按规定周期对桥梁主体结构及其附属构造物的技术状况进行定期跟踪的全面检查。主要检查各部件的功能是否完善有效，构造是否合理耐用，发现需要大修、中修、改善或限制交通的桥梁缺损状况，同时检查小修保养状况。

桥梁的特殊检查是查清桥梁结构的病害原因、构件破损程度、承载能力、抗灾能力，确定桥梁技术状况的工作。特殊检查分为应急检查和专门检查。

应急检查是当桥梁遭受洪水、滑坡、地震、风灾等自然灾害后,立即对结构做的详细检查。查明破损状况,采取应急措施,以尽快恢复交通。

专门检查是根据经常检查和定期检查的结果对需要进一步判明损坏原因、缺损程度或使用能力的桥梁,要求针对病害进行专门的现场试验检测、检算与分析等鉴定工作,以便进行有效的养护。

以下四种情况需做专门检查:①定期检查中难以判明损坏原因及程度的桥梁;②桥梁技术状况为四类、五类者;③拟通过加固手段提高荷载等级的桥梁;④条件许可时,特殊重要的桥梁在正常使用期间可周期性进行荷载试验。周期性荷载试验一般在使用20年后,每隔10～15年进行一次。当桥梁遭受洪水、流冰、滑坡、地震、风灾、漂浮物或船舶撞击,因超重车辆通过或其他异常情况影响造成损害时,应进行应急检查。

经常检查的周期根据桥梁技术状况而定,一般每月不得少于一次,汛期应加强不定期检查。定期检查的周期根据桥梁技术状况确定,最长不得超过3年,新建桥梁交付使用1年后,进行第一次全面检查。

(二)桥梁检查的主要内容

1.桥面系

①桥面铺装:铺装层是否完整,有无裂缝、局部坑槽、积水、沉陷、波浪、碎边,混凝土桥面是否有剥离、渗漏,钢筋是否露筋、锈蚀,桥头有无跳车;

②伸缩缝装置:是否堵塞卡死,连接部件有无松动、脱落、局部破损,有无漏水,是否造成明显的跳车;

③人行道:面层是否破损、开裂,地砖是否隆起、缺损;

④栏杆、防撞护栏:有无撞坏、断裂、松动、错位、断件、剥落、锈蚀等;

⑤排水设施:排水是否顺畅,排水管(孔)堵塞和破损个数,桥头排水沟功能是否完好;

⑥照明、标志:交通信号、标志、标线、照明设施以及桥梁其他附属设施

是否完好；

⑦桥上的通信、供电线路及设备是否完好，线路架设是否规整；

⑧整体外观：是否整洁，有无杂草堆积、杂草蔓生或垃圾堆积。

2.上部结构

①上部承重构件：梁体有无异常变形，有无横向、纵向、竖向裂缝，有无混凝土剥落、掉角、露筋、蜂窝、麻面、渗水、泛碱、泛白等；

②主拱圈：拱身砌体有无错位、开裂、风化、损伤、断裂、脱落、渗水，拱脚有无水平、竖向位移和转角；

③上部一般构件：横隔板、翼缘板、湿接缝、横向联系有无裂缝，混凝土剥落露筋、渗水泛白等；

④拱上结构：是否有裂缝，实腹拱的侧墙是否与主拱圈脱裂，侧墙是否有变形、位移、渗水，拱上填料是否有沉陷或开裂，空腹拱的腹拱或横向联结系有无变形、错位；

⑤支座：是否有明显缺陷，活动支座是否灵活，位移量是否正常，组件是否清洁；支承垫石是否有裂缝；橡胶支座是否老化、开裂、有无过大的剪切变形或压缩变形，夹层钢板之间的橡胶层外凸是否均匀；盆式橡胶支座的固定螺栓是否剪断，螺母是否松动，钢盆外露部分是否锈蚀，防尘罩是否完好。

3.下部结构

①翼墙、耳墙：是否有破损、位移、鼓肚、砌体松动、裂缝；

②锥坡、护坡：是否有隆起、凹陷、开裂、砌体砂浆脱落；

③桥墩：是否有蜂窝、麻面、剥落、露筋、空洞、孔洞、磨损、位移、裂缝；

④桥台：台身是否有剥落、空洞、孔洞、磨损、位移、裂缝，桥头有无跳车现象，台背排水状况；

⑤墩台基础：有无冲刷、淘空、剥落、露筋、冲蚀、沉降、滑移、倾斜、裂缝等；

⑥河床：有无堵塞、冲刷等；

⑦调治构造物：是否有断裂、砌体松动、鼓肚、凹陷、灰浆脱落等。

桥梁特殊检查内容包括桥梁材质状况、表观状态、结构恒载变异情况调查，主要解决以下问题：

①桥梁结构材料缺损状况，包括材料物理、化学性能退化程度及原因，以及结构或构件开裂状态等。

②桥梁结构承载能力，包括结构强度、稳定性和刚度。

③桥梁防灾能力，包括桥梁抵抗洪水、流冰、地震及其他灾害的能力。

（三）桥梁检查的准备工作

①了解桥梁的设计单位、承建单位、管理部门、养护部门，并与之取得联系。

②向以上单位及部门索要电子或纸质桥梁基本技术资料，包括设计（及变更设计）、施工、监理、监测、试验、养护、维修加固、水文与地质状况及其他历史资料。

a.设计资料：包括地质勘察报告、设计图纸以及变更设计书和图纸；

b.竣工资料：包括竣工图、竣工质检及验收文件、定点观测记录；

c.养护资料：包括桥梁维修、日常养护、定期检查资料；

d.检测试验资料：历次检测试验报告和常规定期检测中提出的建议；

e.水文与地质资料：包括年降水量、洪水历史最高水位线及地质状况。

③若无存档资料，则需要实地勘察及向有关部门或周围居民进行走访调查。调查的内容主要包括以下几点：

a.桥梁类型；

b.坐落地名称、桥梁名称及开工修建时间、竣工时间；

c.所跨河流名称、周边地貌、地质及水文情况；

d.所处路线名称（国道 G、省道 S、县道 X、乡道 Y），桥梁两端临近最小行政区划地名；

e.桥梁两端引道线形情况；

f.运营期间是否进行过检查、检测、荷载试验，检查、检测、荷载试验的性质（经常、定期、特殊），是否设置永久性观测点；

g.桥梁历史运营情况，包括使用期间是否遭受重大自然灾害（洪水、地震、滑坡、泥石流等）、意外事件（车辆撞击、船只撞击等）或人为破坏；是否有过维修加固，若维修加固过，则进行了哪些部位的维修加固处理及负责施工单位名称、地址；桥梁运营荷载调查，如交通量、交通组成、车重等情况。

（四）桥梁检查的报告编制

报告编制内容如下：

①工程概况：包括桥梁名称、所属路线、里程范围、开工修建时间、竣工修建时间等桥梁基本情况介绍，桥梁纵、横断面图和桥面正面照、上游侧立面照（上下游结构不同时，还需附下游侧立面照）；

②检测目的：包括所检测桥梁的背景，通过检测所达到的目的；

③检测依据：检测过程中所需的技术指导、规程、规范、地方性法规、文件及技术状况评定标准等；

④检测内容与方法：包括所检查的桥梁部位及所使用的具体方法；

⑤构件编号及病害描述规则：构件及病害描述中对其位置描述所遵循的编号规则；

⑥桥梁现状及病害检查结果：对检查病害按结构部位、构件、病害类型分类，绘制图表，并对图表进行统计分析；

⑦原因分析：综合所检桥梁的历史情况、水文与地质状况、现场检查结果对桥梁现状进行原因分析，并对其发展趋势作出评判；

⑧结论及建议：对所检桥梁进行具体的定论，并根据技术状况评定等级，结合检查结论和原因分析，提出有针对性的建议；

⑨附件：包括病害照、缺陷图、各类数据表格等。

二、桥梁结构安全监测系统

桥梁结构安全监测系统由以下几部分构成：

（一）传感器模块

由荷载与环境监测、结构整体响应监测和结构局部响应监测传感器构成，能实现对桥梁环境参数、车辆荷载参数及视频信息、结构响应的测量。

①传感器模块设计应包括监测内容和测点选择的设计以及传感器选型。

②监测内容应包括荷载与环境监测、结构整体响应监测与结构局部响应监测：

a.荷载与环境监测内容包括车辆荷载、地震、温度、湿度、降雨量和船舶撞击力等；

b.结构整体响应监测内容包括结构振动、变形、位移、转角等；

c.结构局部响应监测包括构件局部应变、索力、钢构件疲劳、支座反力、裂缝、腐蚀、基础冲刷深度等。

③测点选择应满足数据分析与安全预警及评估要求，应采用结构计算分析、结构危险性分析和易损性分析方法确定监测的关键构件和部位。

④传感器模块设计应考虑防雷、防静电、防尘、防水等防护措施。

（二）数据采集与传输模块

数据采集与传输模块由数据采集设备、数据传输设备、数据采集与传输软件构成，应实现传感器数据同步采集与传输，保证数据质量。

①数据采集与传输模块设计应包括与传感器接口的匹配性设计、数据传输方案设计、软件功能设计。

②根据监测数据特点和数据分析要求，采用相应的数据采集方案，应保证信号信噪比高、不失真，动态信号还应满足采样定理。

③数据采集和传输软件应自动采集与传输数据,并可进行人工干预采集与采集参数调整。

(三)数据处理与管理模块

数据处理与管理模块由数据预处理、中心数据库、数据查询与管理软硬件构成,能实现桥梁监测数据的处理、查询、存储与管理等功能。

第二节 既有钢结构桥梁的检测、加固

一、桥梁检测评估的主要内容

(一)承载能力评估

桥梁的结构设计根据自身的需求都有明确的设计标准,承载能力是其中最重要的一项,桥梁在竣工后的使用初期,其承载能力基本是满足设计标准的,但随着时间的推移,桥梁建设材料的变形、锈蚀等都会导致结构的变形及承载能力的下降,无法满足交通需求,对桥梁承载能力的评估是桥梁检测评估的一项重要内容。

(二)耐久性评估

桥梁缺陷是指存在于各部结构和组件材料上的诸如裂纹、变形和位移等缺陷,这是桥梁技术状况的一个重要指标,为桥梁的维护和管理奠定基础,是选择桥梁保养和维修措施的依据。耐久性评估的内容如下：

第一，检查钢桥梁构件的油漆涂层是否有剥离、剥落或锈蚀等现象。特别注意一些不通风的地方有没有生锈。如果有更多导致严重腐蚀的因素，需要测量实际板厚。

第二，检查钢构件有没有孔穿、裂纹、硬弯、硬伤、扭曲等缺陷，以及爆炸材料层有无缺损。

第三，检查现场拼接大型钢箱梁焊接和 U 形肋焊缝是否存在缺陷。

第四，检查钢构件的平整度。

第五，检查铆钉头有无腐蚀，以及铆钉有没有松动、螺栓是否完好等。

结构耐久性评估剩余寿命预测的核心内容是指结构没有经过修复或正常维修后，在正常使用条件下的剩余寿命。钢筋锈蚀是影响混凝土结构耐久性和使用寿命的重要因素，因此，一般会确定混凝土结构钢筋的正常使用标准。混凝土结构剩余寿命评估项目还涉及钢筋失效机理、锈胀力模型以及耐久性标准的确定。目前，现有结构的耐久性评估和剩余寿命预测，大多是依靠经验丰富的工程技术人员根据经验作出评估并提出维修建议。

钢结构桥梁的现场检测是了解桥梁损伤程度的重要手段，是耐久性评估的重要依据，检测内容如下：①调查结构和构件的全貌；②检查外观损伤；③测试混凝土性能；④检测钢筋；⑤测试环境条件，应使用无损检测方法。

（三）安全性评估

使用中的桥梁按照有关规范进行常规检查和特殊检查、经常性检查和周期性定期检查，根据各个阶段的检查结果对既有桥梁进行安全性评价，确定安全等级。安全性等级划分为三级，如表 7-1 所示。

表 7-1 桥梁安全性等级划分

等级	合格	基本合格	不合格
划分标准	桥梁结构完好，可安全运营。	桥梁结构完好，构件有损伤，但不危及桥梁安全，可在正常运营情况下处理桥梁构件的损伤。	桥梁结构或构件有严重损伤，承载力下降，危及桥梁结构安全，不治理就不能正常运营。

二、钢结构桥梁的加固

（一）桥梁的加固方法

1. 加大截面加固法

加大截面加固法是基于原来的结构，浇注一定厚度的混凝土，是一种常用的加固方法。加大截面加固法一般采用两种方式：①加厚桥面；②增加主梁梁肋的高度和宽度。使用这种方法能显著提高桥梁的刚度和承载能力。

2. 粘钢加固法

粘钢加固法是用黏结剂（建筑结构胶）将钢板粘贴到构件需要加固的部位上，以提高结构承载力的一种方法。与传统加固方法相比，它具有以下特点：①工艺简便，只需对被加固构件的表面进行处理，用建筑结构胶将钢板与加固构件牢固粘结成一个整体，使钢板和原构件共同工作；②加固施工所需的场地、空间都不大，且钢板粘贴到构件上一般三天即可受力使用，对生产生活影响很小，特别适用于应急的加固工程；③粘钢加固所用的钢板厚度一般为 2～6 mm，加固后不影响结构外观；④加固效果比较明显，因为粘钢加固不仅弥补了原构件钢筋的不足，而且通过大面积的钢板粘贴，有效保护了原构件的混凝土不再产生裂缝或使已有的裂缝得到控制而不继续扩展，增强了结构的整体性，提高了原构件的承载力。

3.粘贴碳纤维加固法

粘贴碳纤维加固法的主要特点：几乎不增加结构自重和截面尺寸，不改变净空高度，施工方便，对原结构几乎不会造成新的损伤，具有良好的耐腐蚀性、耐久性和抗疲劳性。

4.黏结外包型钢加固法

该方法用乳胶水泥或环氧树脂化学灌浆等方法将角钢粘贴在柱四角，角钢之间焊以缀板连接。

5.体外预应力加固法

体外预应力加固法是指对布置于承载结构主体之外的钢束张拉而产生预应力的后张法。

6.喷混凝土加固法

喷混凝土加固法是在原有结构上喷涂一层高品质的混凝土，以恢复对钢筋的保护，提高混凝土强度，达到美化表面的功能，是目前常用的加固方法。

常规加固方法还有增加辅助构件法、改变结构体系法、增大边梁法、截面转换法等。

（二）桥梁加固方案设计原则

应结合桥梁的实际情况选择适用的加固方式，在实现桥梁加固目标的前提下追求经济成本最小化，主要遵循的原则如下：

①利用除险加固方案之前，考虑到成本低、效果快的目标，在尽量不中断交通的情况下，选择技术可行的、耐久性更好的加固措施。

②桥梁的加固工作应该注重桥梁结构的原有设计，在尽量不破坏原有设计的基础上进行桥梁的加固，如果桥梁损坏严重，确实需要部分结构的重建，那也要充分考虑桥梁的原始设计，再设计重建方案。

③桥梁的加固工作是为了满足当前及将来的交通需求，在加固方式的选择和方案制定上要充分考虑桥梁承载能力，保证桥梁加固后能够满足今后日益增

长的通行需求，如有必要，可参考其他成功的加固案例，以保证桥梁加固的顺利完成。

（三）加固设计的注意问题

对桥梁进行加固，应注意以下问题：

①通过检测评估，某一桥梁承载能力不能满足现阶段车流的需求，必须加强桥梁结构。一些构件失效损坏，则必须立刻更换。对所涉及的加固设计内容和范围，可以选择对特定的区域或桥梁构件进行加固，也可以选择对整个工程进行加固，这都是根据评估结果确定的。

②钢结构桥梁施工过程中，采取有效措施，减少对周围环境的污染，还要注意尽量减少对桥面和下部穿行车辆的影响。

③进行桥梁加固，应对桥梁加强安防监控，以确保加固桥梁时员工及桥梁结构的安全。

④在加固桥梁体积较大的主要承重构件时，应有不少于两个的方案进行对比，从中选择优方案，形成加固方案可行性研究报告。

⑤如果加固后桥梁的恒载增加，则应计算被加固的相关结构和基础，以保证结构能适应新的荷载变化，确定加固构件与原结构协同工作的情况，并考虑结构在加固后的实际受力情况、加固部分的应变滞后特点；桥梁结构内力应以加固后桥梁的实际边界条件和实际受力情况进行计算。

⑥原来的结构可进行优化使用，以减少浪费，不要试图破坏原有结构，以产生新的设计方案和施工实践。

⑦施工方一旦发现原桥结构隐蔽部位或相关工作的显著缺陷，应立即报告给有关部门，暂停施工，与相关加固当事人进行讨论，对缺陷部位进行有效处理后，确定下一阶段施工的时间。

⑧加固设计应该从旧的和新的结构共同工作的角度出发，采取必要措施，允许将新、旧建筑进行有效和可靠的连接。

（四）加固方案的比选原则

如果有两个或两个以上加固方案进行比较，选出最优时，应遵循以下原则：

①具体施工操作难度要小、质量和工期要易于控制、施工工艺要成熟可靠，应该使用新材料、新工艺的测试方法对其加以验证。

②尽量选择对环境影响较小的方案。施工时产生的废物量越少越好。

③加固后的结构仍然满足耐久性要求，后期养护的费用不高。总的花费应合理，尽量节约，避免浪费。

④施工过程中，对周围的行车安全和结构的安全性、可靠性影响要小。

⑤加固方案的选择要符合大众审美，遵循钢结构桥梁应具有的外观特点、结构特性。

既有桥梁结构设计中出现的错误或桥梁施工中造成的问题，以及交通流量、荷载强度持续增大的现象，造成桥梁结构难以满足当今的运输要求。对现有的桥梁进行加固施工，可以提高桥梁质量，延长桥梁使用寿命。在桥梁原有结构的基础上，充分利用现有资源进行加固施工，对降低成本、确保桥梁结构的正常容量，具有非常重要的意义。

参 考 文 献

[1] 包聪.桥梁工程建设中的施工裂缝预防管理策略研究[J].运输经理世界，2022（25）：70-72.

[2] 陈伟利.道路与桥梁工程检测技术研究[J].居舍，2021（28）：39-40.

[3] 丛福龙.桥梁工程造价计算与概预算的编制分析[J].运输经理世界，2023（14）：50-52.

[4] 杜岳涛.桥梁工程建设中挂篮整体结构设计与计算[J].城市建设理论研究（电子版），2023（21）：159-161.

[5] 樊世军.桥梁钻孔灌注桩施工技术研究[J].智能城市，2021，7（10）：107-108.

[6] 符秋男，袁国峰.高架桥梁工程建设的桥墩基础托换施工[J].中国建筑装饰装修，2022（01）：122-123.

[7] 高宽.公路桥梁施工管理要点与对策[J].住宅与房地产，2021（24）：142-143.

[8] 葛巍.道路桥梁工程施工管理中的问题与优化对策[J].四川建材，2022，48（07）：94-95＋97.

[9] 顾浩.道路桥梁工程新型检测技术[J].城市住宅，2021，28（A1）：247-248.

[10] 郭伟刚.市政桥梁工程下部结构施工技术探究[J].科技视界，2021（34）：164-165.

[11] 何少伟，杨静，崔祎.桥梁工程安全风险及管理对策分析[J].工程与建设，2023，37（04）：1339-1341.

[12] 贺玉娥.研究桥梁设计中的问题及解决对策[J].黑龙江交通科技，2021，

44（10）：113-114.

[13] 黄煜镔.道路与桥梁工程试验检测技术[M].重庆：重庆大学出版社，2021.

[14] 李娟.高墩施工技术在公路桥梁工程施工中的运用[J].交通科技与管理，2023，4（05）：159-161.

[15] 李应康.道路桥梁工程建设项目管理策略[J].城市建设理论研究（电子版），2022（25）：31-33.

[16] 李玉龙.公路桥梁施工质量控制体系及安全管理对策[J].大众标准化，2022（04）：61-62.

[17] 刘斌，苏宝良，李传琳.道路桥梁工程建设与维修养护[M].汕头：汕头大学出版社，2022.

[18] 刘冉.道路与桥梁施工中质量检测技术的应用[J].运输经理世界，2021（25）：98-100.

[19] 刘伟.公路桥梁施工中的质量管理及控制策略[J].黑龙江交通科技，2022，45（10）：97-99.

[20] 刘运菊.道路与桥梁工程检测技术分析[J].城市建筑，2021，18（11）：187-189.

[21] 龙强.公路与桥梁工程建设项目监督管理要点分析[J].运输经理世界，2022（30）：59-61.

[22] 卢新平.道路与桥梁工程的交叉施工技术[J].中国住宅设施，2021（11）：79-80.

[23] 罗汉勇.公路桥梁隧道工程施工中灌浆法加固技术的运用研究[J].中国设备工程，2021（18）：169-170.

[24] 孟丛丛，柳海龙，刘华.公路养护技术与管理[M].北京：北京理工大学出版社，2015.

[25] 潘家平.测量及测绘新技术在桥梁工程测量中的应用分析[J].企业科技与发展，2021（11）：105-107.

[26] 彭野.道路桥梁工程的常见病害与施工处理技术[J].大众标准化,2021
（08）：153-155.

[27] 任海鹏.公路桥梁工程建设中的预应力箱梁施工技术要点研究[J].科技与创新,2021（14）：44-45＋48.

[28] 桑明净.高速公路桥梁建设质量和合同管控研究[J].运输经理世界,2022（34）：59-61.

[29] 孙利龙.桥梁工程建设中的钢板桩围堰施工技术研究[J].智能城市,2021,7（19）：137-138.

[30] 唐磊.工程测量在桥梁施工放样测量技术[J].工程机械与维修,2021（04）：180-181.

[31] 汪华锋.探析道路桥梁工程常见的结构性病害与加固技术[J].建筑技术开发,2021,48（16）：3-4.

[32] 王成亚.道路桥梁工程施工管理及成本预算研究[J].工程建设与设计,2022（07）：215-217.

[33] 王历琦.桥梁工程项目成本分析与核算策略[J].绿色环保建材,2021（04）：95-96.

[34] 王鹏,穆守峰.道路桥梁设计的现状及改善路径[J].四川建材,2023,49（09）：176-178.

[35] 王微.高性能混凝土在道桥建设施工中的应用[J].产业创新研究,2022（08）：108-110.

[36] 王修山,王波,王思长.道路与桥梁施工技术[M].2版.北京：机械工业出版社,2022.

[37] 王修山.道路与桥梁工程概论[M].北京：机械工业出版社,2020.

[38] 卫鹏辉.公路桥梁工程施工中预应力技术的应用[J].黑龙江交通科技,2023,46（09）：105-107.

[39] 魏丹华,周世坤.公路与桥梁工程施工安全管理措施分析[J].运输经理世界,2022（02）：57-59.

[40] 吴福琳.预应力混凝土桥梁检测及加固技术[J].运输经理世界，2021（30）：94-96.

[41] 徐泽恒.浅谈道路与桥梁连接处的设计及施工[J].中国新技术新产品，2021（12）：67-69.

[42] 闫创.BIM技术在桥梁工程施工建设中的应用[J].铁道建筑技术，2022（04）：123-127.

[43] 杨国泉.公路桥梁工程建设的伸缩缝设计分析[J].运输经理世界，2023（14）：103-105.

[44] 姚粉云.桥梁工程试验检测在工程质量控制中的应用分析[J].城市建筑，2021，18（11）：190-192.

[45] 殷永刚.道路桥梁设计中新理念的应用实践[J].四川水泥，2022（01）：96-97.

[46] 翟洪刚.道路桥梁设计中结构化设计的应用研究[J].四川水泥，2021（09）：283-284.

[47] 詹大德.桥梁养护与维修加固施工研究[J].运输经理世界，2022（15）：122-124.

[48] 张慧.桥梁结构抗震设计与设防措施[J].四川水泥，2021（05）：262-263.

[49] 张君瑞，林智，左宝仪.道路桥梁工程技术研究[M].长春：吉林科学技术出版社，2022.

[50] 张旭.道路与桥梁施工技术与质量控制措施探析[J].建材发展导向，2021，19（16）：233-234.

[51] 张英.桥梁工程建设中的施工裂缝预防管理策略[J].低碳世界，2022，12（04）：114-116.

[52] 张永海.公路与桥梁施工的质量控制策略研究[J].居业，2022（06）：134-136.

[53] 张哲.桥梁工程的维修养护以及施工技术探讨[J].居舍，2021（15）：47-48＋96.